Ludolph Heinrich Müller

Lübeckisches Münz- und Medaillenkabinet

Ludolph Heinrich Müller

Lübeckisches Münz- und Medaillenkabinet

ISBN/EAN: 9783743447806

Hergestellt in Europa, USA, Kanada, Australien, Japan

Cover: Foto ©ninafisch / pixelio.de

Weitere Bücher finden Sie auf **www.hansebooks.com**

Vorrede.

Das Kabinet, welches dem Publiko hiedurch zum erstenmale eröfnet und dessen richtiges Verzeichnis, auf Verlangen unserer verehrungswehrten Obrigkeit, den Kennern und Liebhabern der Numismatik vorgeleget wird, enthält keine andere, als Lübeckische Münzen und Medaillen, nebst solchen auswärtigen Geldsorten, worauf entweder das Lübeckische Stadtwapen mitgesetzt steht, oder der Lübeckische Reichsadler eingestempelt ist. Außer dem Stadtgepräge sind auch die Münzen der Bischöfe und des Hochstifts zu Lübeck mit in demselben befindlich. Jene machen den größeren Theil und eine vollständige Sammlung aus; diese den geringeren: von deren

Vollständigkeit man noch nicht hinlänglich überführt ist, wiewohl nur wenig mehr daran zu fehlen scheinet. Alle vormals und itzt gangbare Geldsorten, von der geringsten Kupfermünze an, bis zum schwersten Goldstücke sind in diesem Kabinet vorhanden, und von dem, was in der Folge an Gold und Silber aus hiesiger Münze kommt, wird von jedem Stempel wenigstens ein Abdruck dahin geliefert.

Wir zweifeln nicht, daß die Bekanntmachung dieses so reichhaltigen Vorrathes und die vorangesetzte Münzgeschichte nicht nur den Münzverständigen überhaupt, sondern auch denen, welche in den öffentlichen gelehrten Zeitungen ein Verlangen bezeiget haben, von den Münzen der Reichsstädte hinlängliche und zuverläßige Nachrichten zu erhalten, vorzüglich angenehm seyn werde.

Es hat aber dieses schöne Kabinet, welches besonders merkwürdig ist, nicht einer öffentlichen Veranstaltung, sondern dem anhaltenden Fleiße und der unermüdeten Sorgfalt einer Privatperson einzig und allein seine Entstehung zu verdanken. Unser Lübeck hatte zwar in diesem und den vorhergehenden Jahrhunhunderten angesehene Männer aus allen Ständen aufzuweisen, die sich Mühe gaben den rechten Werth der vaterländischen Münze zu erforschen, auch deswegen einen beträchtlichen Vorrath aller Arten inländisches Geldes zusammenbrachten und aufbehielten. Allein keiner unter ihnen konnte sich rühmen, im Sammlen es bis zu einem hohen Grade der Vollkommenheit gebracht zu haben. Diese Ehre war nicht einem Einheimischen, sondern einem Ausländer, nicht einem Gelehrten, sondern einem Handelsmann vorbehalten.

Herr Ludolph Heinrich Müller, den viele unserer Leser schon aus des sel. Herrn Hofraths David Samuel von Madai Thalerkabinet kennen werden, war es, der sich dieß Verdienst um unsere Stadt erwarb. Er ward zu Lüneburg 1720, 18. Mart. gebohren. Seine rechtschaffenen und christlichen Aeltern waren Johann Christoph Müller und Anna Dorothea Schulzen, welche beyde noch das Glück erlebten, diesen ihren ersten Sohn in unserer Stadt reichlich versorgt und glücklich verheyrathet zu sehen. Mit dem festen Vorsatz ihre Kinder in der Zucht und Vermahnung zum Herrn aufzuziehen, ward vor allen Dingen für eine frühe Gottesfurcht, ohne welche alles

Lehren und Vermahnen nichts ist, gesorget. Sie übergaben ihn verständigen Männern, die Beruf und Geschicklichkeit hatten, ihn durch Unterricht in dem Glauben, worauf er getauft war, fest zu setzen. Mit dieser Anführung zum Christenthume ward hernach auch die Unterweisung im Schreiben und Rechnen verbunden, und in allen diesen machte er solche Fortschritte, daß der Aeltern Zeit, Mühe und Kosten reichlich belohnet wurden.

Die erste Anwendung seiner auf diese Art glücklich erworbenen Geschicklichkeit ward in der berühmten Kurfürstlich = Sächsischen Residenzstadt Dresden gemacht. Hier bekam er 1734, wie er das vierzehnte Jahr seines Alters erreicht hatte, einen angesehenen Materialisten Herrn Ochsenfelder zum Lehrherrn, nachdem seine christliche Aeltern zuvor, ihrem Plane gemäß, die Confirmationshandlung feyerlichst an ihm hatten vollziehen lassen. Seines hiebey abgelegten Gelübdes stets eingedenk, unterwarf er sich an diesem Orte seiner Bestimmung, der getreuen Anweisung seines redlichen Principals mit unverdrossener Folgsamkeit. Nie vergaß er im Handel und Gewerbe die höchstnöthige Vorsicht. Nie vernachläßigte oder verun-

veruntreuete er das ihm Anvertrauete. Das Handlungsinteresse seines Herrn beobachtete er mit der größten Aufmerksamkeit. Dieß erwarb ihm ein solches Vertrauen, daß er schon in seinen ersten Lehrjahren, zum Verschicken nach Leipzig und Prag gebraucht ward. Nach dieser glücklich vollendeten siebenjährigen Laufbahn, kam er 1741 in einem Alter von 21 Jahren, nach Lübeck. Mit den besten Empfehlungen und Zeugnissen versehen, erhielt er die Stelle eines Buchhalters bey dem Contor des Hrn. Tobias Hornemann, der einen ausgebreiteten Commissionshandel führte und bey dem eine ansehnliche Niederlage von deutschen Eisenwaaren zu finden war. In diesem Hause genoß er eine so gute Begegnung, hatte einen so bequemen Aufenthalt und eine so schöne Gelegenheit, in dem was er gelernet hatte, zuzunehmen, daß er dadurch immer mehr Feuer, Trieb und Eifer bekam, seinen liebenswürdigen Handelsherrn aus allen Kräften mit seinen Talenten zu dienen. Dieß erfüllete er redlich und dafür sah er sich auch in kurzer Zeit gedoppelt belohnt. Denn er war noch nicht völlig vier Jahre in Lübeck gewesen, so geschah es im Aprilmonate des Jahrs 1745. daß sein Herr durch einen seligen Abschied aus der Welt ihm von der Seite gerissen ward. Nicht genug;

genug, daß das Hornemannische Haus durch diesen schmerzhaften Hintritt den zärtlichsten Ehegatten, den liebreichsten Vater und den besten Rathgeber einbüßte, es sank auch mit ihm zugleich die Hauptstütze, seines sehr bedeutenden Handels. Wie ein aufmerksamer Baumeister, sogleich das Fundament eines Gebäudes untersucht, wenn er in demselben einen Hauptriß bemerket, so ließ auch die hinterbliebene Frau Wittwe Anna Catharina Hornemann, gebohrne Andersen, bey diesem so empfindlichen Riß in ihrer Familie, durch kunstverständige sich von der rechten Lage ihrer Handlung unterrichten und die dahin gehörigen Bücher nachsehen. Zur großen Beruhigung der Theilnehmer fand man in denselben die schönste Ordnung und es zeigte sich gleich anfangs, daß man dieselbe der Aufmerksamkeit ihres getreuen Müllers vorzüglich schuldig sey. Von Dankbegierde aufgefodert, bezeugte die Frau Wittwe ihre Zufriedenheit, nicht mit Worten allein, sondern auch mit der That. Ohne Rücksicht darauf zu nehmen, daß er erst 25 Jahr alt war, erwehlte sie ihn zu ihrem Handlungsgesellschafter; und wie er auch hier fortfuhr, sich als den rechtschaffensten Mann zu zeigen, so war sie noch eifriger bedacht, sein Glück zu befestigen. Ohne weiteres Bedenken gab sie
ihm

ihm drey Jahre darauf ihre einzige Tochter Magdalena Catharina Hornemann zur Ehe, und unser große noch immer mit vielem Ruhm bekannte Superintendens, sel. Doctor Johann Gottlob Carpzov übernahm es, sie 1748, 14. Mart. zu diesem Ehebündniß feyerlichst einzusegnen.

Unser seliger Herr Müller hatte schon in den ersten Jahren seiner Handlung die Numismatik zu seinem Lieblingsgeschäft erwählt und deswegen sich vorgenommen, einen Theil seines Handlungsgewinnstes auf Anlegung eines vollständigen Thalerkabinets zu verwenden. Weil er aber als ein kluger Kaufmann, in allen Stücken vorsichtig zu verfahren gewohnt war; weil er aus Beyspielen andrer wuste, daß der Handel einem Gewässer gleichkomme, darin Ebbe und Fluth abwechseln und daß man in Waaren, die wenig gesucht werden, kein großes Capital stecken müsse, so änderte und beschränkte er diese Idee. Er machte sich einen andern Plan, den er völlig übersehen und leicht ausführen konnte. Er wählte sich die Münzen der Stadt: worin er sein zweytes Vaterland gefunden hatte, zum Gegenstand seiner Sammlung. Alles rare Lübeckische Geld legte er also von seinen bereits gesammleten Seltenheiten für sich zurück und den Rest fremder Thaler schickte er nach einem Orte zum Verkauf, wo er wuste, daß es viele Liebhaber gab. Dieser Ausschuß enthielt keine gemeine Species und machte sich daher gut bezahlt. Es kam auch Herr Müller zugleich in den Ruf eines großen Münzkenners. Auswärtige Sammler wandten sich an ihn und er verschafte ihnen die seltensten Stücke, da jene ihm hinwiederum oft aus den entferntsten Gegenden sehr rar gewordene Lübeckische Geldsorten zuschickten. Auch unsere Einwohner und Bürger unterstützten seine patriotischen Absichten. Ihm ward von den Kirchenvorstehern und Diakonen, von Münzmeistern, Geldwechslern, Goldschmieden und mehreren andern das meiste eingegangene alte Geld, ehe man darüber disponirte, zur Durchsicht geschickt. Nicht selten erhielt er dadurch Verschiedenes, das seiner Sammlung fehlte. Dafür und auch für den Ankauf manches einzelnen Stückes zahlte er reichlich und auf Stücke von der äußersten Seltenheit verwandte er ganze Summen, die er zwar unter seinen andern täglichen Ausgaben bemerkte, aber, um nicht damit zu pralen, namhaft zu machen sich verbat.

Vorrede.

Wie man gerne für das, was man seine ganze Lebenszeit über lieb gehabt hat, auch noch bey dem Ausgange aus der Welt sorget und auf dessen weitere Verpflegung denkt, so sorgte unser am 1. Mart. 1788 seelig verstorbene Herr Müller noch in den letzten Augenblicken seines Lebens, wenn ich mich so ausdrucken darf, für diesen seinen Zögling und überließ ihn gänzlich der Aufsicht seiner lieben Ehegattin. Durch einen vieljährigen ehelichen Umgang überzeugt, konnte er es von ihrer guten und liebreichen Gesinnung erwarten, daß sie denselben völlig so behandeln werde, als er es in seinem Leben gewünscht hatte. Dieß erfüllte sie auch pünctlich. Der so wehrt geachtete Nachlaß ward nicht allein auf das sorgfältigste von ihr bewahret, sondern auch auf das bedächtlichste vor Verwahrlosung nach ihrem Tode gesichert. Sie gab ihn in die Hände der Väter unsrer Stadt und bestimmte den öffentlichen Büchersaal zur Aufbewahrung desselben. Diese der Absicht ihres seligen Mannes rühmlichst angemessene Schenkung ward von einem Hochweisen Rath dankbar angenommen und sie erhielt deswegen am 7. Februar 1789 ein Decret mit der Versicherung, daß solches Münzkabinet zur Ehre und zum Andenken ihres Ehegatten auf der hiesigen öffentlichen Bibliothek bis zu

ewigen

ewigen Tagen sollte aufbewahret werden. Ein Geschenk, das von einem wahren Patriotismo zeuget und dessen Anblick jeden einsichtsvollen Kenner und Verehrer der Wissenschaften stets an sich ziehen wird. Ein Vermächtniß, daß das erste in seiner Art ist, das dem Vaterlande wahren Nutzen verschaft und zur immerwährenden Zierde gereicht. Lange noch wird das Gedächtniß dieses würdigen Ehepaares bey uns in Segen bleiben. Noch spät werden ihre Namen von dem edleren Theil unserer Nachwelt dankbar genannt werden.

Unsern Dank wollen wir in dem kurzen Wunsch fassen, daß der Himmel der Frau Wohlthäterin den noch immer neuen Schmerz über den Verlust ihres so innig geliebten Gemals lindern und ihr Alter mit einem ununterbrochenen Genusse aller Arten von Glückseligkeit bekrönen wolle.

Lübeckische Münzgeschichte *).

§. 1.

Es ist aus den Schriften vom deutschen Münzwesen der mittleren Zeit bekannt, daß die weltlichen mit Bergwerken nicht versehenen Reichsstände weit später, als die geistlichen, das Recht in Silber und Gold zu prägen von Kaisern und Königen erhalten haben. Ob dem Grafen **Adolph** zu Holstein und Schauenburg schon in dem Jahre 1140, da er Lübeck zu bauen anfieng, die Münzgerechtigkeit beygeleget sey, daß er sie also seiner neuerbaueten Stadt habe wieder ertheilen können, ist eine Frage, die aus Mangel an alten Nachrichten wohl immer unbeantwortet bleiben wird. Aus dem Stillschweigen der ältesten Annalisten steht zu vermuthen, daß in den ersten sechszehn Jahren unter dieses Grafen Botmäßigkeit kein ander Geld zu Lübeck sey gebraucht worden, als was einmal hier und in der herumliegenden Gegend üblich war und was die aus der Nähe und Ferne gekommenen neuen Einwohner mitgebracht hatten.

§. 2. Der folgende Beherrscher Lübecks, Herzog **Hinrich der Löwe** hatte lange vorher, ehe er die fast ganz abgebrannte Stadt von dem Grafen **Adolph**, der sie nicht länger behaupten konnte, überkam, das Recht zu münzen ausgeübet und itzund versah er auch
seine

(*) Aus dem XLI. Hauptstück der von mir umgearbeiteten gründlichen Nachricht von Lübeck des seel. Herrn Seniors M. Jac. von Melle Lübeck 1787. in gr. 8vo.

seine neuen Einwohner damit. Allein, wo der hierüber ertheilte Gnadenbrief hingekommen seyn mag und was für Pfenninge und Schillinge in diesem Zeitraum zu Lübeck ausgemünzt sind, hat zur Zeit noch keiner ausfündig machen können.

§. 3. So sind auch die Nachrichten von der Beschaffenheit des hiesigen Münzwesens, in dem 1182 und folgenden Jahren, da Kaiser **Friderich** I. im Besitze der Stadt war, nicht weniger unvollständig und mangelhaft. Es läßt sich weiter nichts davon sagen, als was man in dem Kaiserlichen Gnadenbriefe des Jahres 1181 mit wenigen verzeichnet findet. Die Einwohner erhalten darin die Erlaubniß, in einer jeden Gegend der Stadt, nur nicht vor dem Münzhause, mit Einwechselung des Silbers einen Geldumsatz zu machen und der Rath bekommt die Freyheit, den Gehalt des Geldes, so oft es ihm gefällig ist, zu untersuchen und durch den Münzmeister umprägen zu lassen.

§. 4. Es bestand also die ganze Art zu münzen blos darin, daß man den aus feinem Silber gemachten und vom langen Gebrauch abgenutzten Hohlpfenningen ihren wahren Gehalt und ihr richtiges Gewicht durch angestelltes Umschmelzen wiedergab und zum Zeichen ihrer Berichtigung mit dem Hammer den Stempel darauf setzte. Gemeiniglich war er mit einem Kreuze und mit einer Hand oder einem Handschuh bezeichnet. Man wollte damit andeuten, daß die Städte dergleichen kleine Münzen aus Kaiserlicher Gewalt zu schlagen berechtiget waren.

§. 5. Bey dieser Einrichtung ist es gewiß in den Jahren 1189—1226 geblieben; denn die dreymalige Veränderung der Oberbotmäßigkeit hat in das Münzwesen wohl keinen Einfluß gehabt. Die Rechnungen wur-

wurden allenthalben in Marken und Pfenningen geführt, und die Hohlpfenninge hatten noch an keinem Orte am Gehalt oder am Gewicht etwas verlohren.

§. 6. Mit dem Jahre 1226 erlangte Lübeck die Reichsfreyheit und zugleich eine neue Bestätigung seiner Münzgerechtigkeit, nebst einer Vorschrift, wie in Zukunft das Gepräge beschaffen seyn sollte. Vordem war der Stadt nur überhaupt und schlechterdings die Münze verliehen und es stand in ihrer Willkühr ein Gepräge zu wählen, welches ihr beliebte. Allein itzt ward ihr, als einem Reichsstande von dem Kaiser vorgeschrieben, wie sie ihre Münze ausprägen sollte und verordnet, sie mit seinem Namen zu bezeichnen. Die Stadt befolgte diese Anordnung ihres neuen Münzherrn und machte es sich zur Pflicht, Pfenninge von solchem innerlichen Gehalte zu münzen, deren zwölf besser als ein Mark Silbers waren. Immer Schade, daß wir weder durch einen Abdruck noch durch ein Original, davon noch itzund überzeugt werden können.

§. 7. Als Friderich II. im Jahre 1250 mit Tode abgieng und das deutsche Reich innerhalb 25 Jahren kein gewisses Oberhaupt hatte, äußerten sich die daher rührenden Verwirrungen auch im Münzwesen. Gewinnsüchtige Leute, die das ganz feine Gold zu verfälschen keine Möglichkeit fanden, suchten das Gewicht zu verringern. Diesem Uebel zu steuren vereinigten sich 1255, 22. April Lübeck und Hamburg ihre Münze gemeinschaftlich zu treiben, beyderseits einen gleichmäßigen schweren Münzfuß zu beobachten und von beyden Seiten die Zeit, wenn man zu münzen gedächte, vorher einander kund zu thun.

§. 8. Mit dem Jahre 1272. gieng der Regimentsanstand zu Ende und Rudolph, Graf von Habsburg,

burg, bestieg den so lange erledigt gewesenen Kaiserthron. Dieser und seine drey Nachfolger im Regiment, die Kaiser **Adolph von Nassau, Albrecht von Oesterreich** und **Hinrich von Lützelburg** erneuerten der Stadt Lübeck ihre vom Kaiser **Friderich** II. erhaltene Freyheiten, mithin auch die daruter gehörige Münzgerechtigkeit. In diesem Zeitraume ward nicht weniger von den Städten Lübeck und Hamburg eine abermalige Münzvereinigung getroffen. Sie verabredeten sich um Weyhnachten des Jahrs 1305. zur Ausmünzung der Pfenninge einen gemeinschaftlichen Münzmeister zu bestellen und alles ausgeprägte Silbergeld mit einerley Zeichen zu bemerken. Zugleich sahen sich beyde Städte genöthiget, weil so viele vom Kaiser mit der Münzgerechtigkeit versehene Reichsstände dem Silbergelde einen Zusatz von Kupfer gaben, den äußeren Werth ihrer Münze höher, als den inneren zu setzen; wornächst man auch Lüneburg und Wismar, um das gute Geld besser im Laufe zu erhalten, mit in die Zahl der darauf vorzüglich bedachten Städte aufnahm, welche man die im Münzwesen correspondirenden Städte nannte.

§. 9. Eine anderweitige Veränderung mit dem Lübeckischen Münzwesen ereignete sich zu der Zeit, als **Ludewig**, Herzog von Bayern, im Jahre 1314. Kaiser ward. Die Stadt ließ nicht allein in den Jahren 1325 und 1330. mit der Stadt Hamburg, welche eben damals von den Grafen von Holstein **Gerhard** und **Adolph** die Münze erblich an sich gebracht hatte, Pfenninge und Schillinge münzen; sondern sie erhielt auch bald darauf im Jahr 1339, 5. Nov. vom Kaiser das Recht ihre Münze nach Gefallen zu vermindern oder sonst zu verändern und so gar mit einem neuen Gepräge zu versehen.

§. 10.

§. 10. In dem darauf folgenden Jahre überkam die Stadt wiederum neue Münzvortheile, die sie ihrem Kaiserlichen Advocaten dem Grafen Bertold von Henneberg zu verdanken hatte. Sie ward am 25. Mart. dieses Jahres vom Kaiser dahin begnadiget, daß sie sowohl goldene als silberne Pfenninge nach eigener Willkühr ausprägen konnte: und kurz nach dem Empfange dieses Begnadigungsbriefes erfolgte noch vor dem Ablauf des Jahres, am 18. des Novembermonats ein anderes, der ihr Macht gab, Gulden in Gold und Silber auszumünzen. Für die goldenen bestimmete er dabey denselben Gehalt, den die von Florenz hatten und auch ihren Stempel mit der Lilie, als den Florentinischen Stadtzeichen auf der einen Seite, und auf der andern mit Johannes dem Täufer, den so wohl Florenz als Lübeck zum Schutzpatron haben.

§. 11. Diese neue Kaiserliche Gnadenbezeugung veränderte nicht nur den damaligen Lübeckischen Münzplan, sondern sie gab auch Gelegenheit, daß neben der in den Seestädten gewöhnlichen Rechnung nach Pfunden und Marken, eine neue nach Gulden, Schillingen und Pfenningen eingeführet, oder vielmehr die Vergleichung der goldenen Münzen mit den Schillingen und Pfenningen zum Rechnungsfuß angenommen ward.

§. 12. Zur Einführung dieses veränderten Münzwesens machte man annoch in dem nämlichen Jahre, da das letzte Privilegium erfolgt war, Anstalt. Noch vor Ostern des folgenden 1341. Jahres war man schon so weit gekommen, daß mit der Ausprägung goldener und silberner Münzen konnte angefangen werden. Das Ausmünzen war das ganze Jahr über beständig im Gange und ward auch noch unter den folgenden

Kaisern fortgesetzt. Es ist ganz ansehnlich, was die Lübeckischen Rathspersonen vom Jahre 1341. bis 1399. an Gold und Silber einwechseln, umschmelzen, ausprägen und vom Münzhause auf die Kämmerey liefern liessen. Nur ist es zu bedauren, daß diese Münzen, sonderlich die silbernen, so sehr weggefischt sind, daß fast keine Spur mehr davon gefunden wird.

§. 13. Als in dem folgenden funfzehnten Jahrhundert die goldenen Münzen von mehreren zu schlagen angefangen wurden und in der silbernen eine eben so große Ungleichheit, als in der goldenen, sich allmälig hervorthat, suchte unsere Stadt diesem Unfug der Münzverringerung vorzubeugen. So wie Kaiser **Ruprecht**, als ein gebohrner Kurfürst von der Pfalz, nebst den übrigen Kurfürsten am Rhein, als Maynz, Trier und Kölln, mit Zuziehung der Städte Speyer, Worms und Frankfurt sich zusammengethan und eine Münzvereinigung hatten aufsetzen lassen: so waren auch die vorhin gedachten vier correspondirenden Städte, wozu auch Rostock und Stralsund gezogen wurden, gemeinschaftlich darauf bedacht, dergleichen Concordaten aufzurichten und darinn den Gehalt des schweren Münzfußes ferner fest zu setzen. Sie kamen schon 1403, 6. Febr. zum Vorschein und obgleich zu deren Geltung nur zehn Jahre bestimmt waren, so wurden doch noch 1541. und 46. Münzsorten dieser Art von besagten sechs Wendischen Städten ausgeprägt.

§. 14. Acht Jahre darauf versammleten sich Abgeordnete von Hamburg und Lüneburg in unserer Stadt und verfertigten um Michaelis 1411. einen Receß, wie es unter ihnen mit der Ausmünzung des kleinen Silbergeldes sollte gehalten werden, und mit welchen Zeichen das Gepräge gestempelt seyn sollte.
Eine

solche Zusammenkunft ward in diesem Jahrhundert außerdem noch zweymal unter diesen dreyen Städten angestellet, als: am Mittwochen nach Lichtmessen 1463. und am Donnerstag nach Dionysii 1497. deren Recesse ebenfalls in richtigen Abschriften vorhanden sind.

§. 15. Mit dem Jahre 1424. erschien ein für die Lübeckische Münzgeschichte nicht wenig wichtiger Zeitpunct. Die Königin **Philippa** von Schweden, welche in Abwesenheit ihres Gemahls **Erichs des Pommers**, Reichsverweserin der drey Nordischen Reiche war, errichtete mit den Städten Lübeck, Hamburg, Lüneburg und Wismar am 9. Oct. d. J. zur Wiederherstellung der verfallenen Handlung, einen Vertrag, nach welchem das von ihrem Gemahl eingeführte schlechte Geld sollte abgeschaffet seyn und Statt dessen zu Kopenhagen kleines Silbergeld sollte geschlagen werden, das an Schrot und Korn den in den Wendischen Städten ausgeprägten Münzen dieser Art völlig gleich wäre. Die Unterschrift des Recesses geschah nur von Lübeck und Wismar allein, deren Siegel dem Königlichen zur Seite steht, und der Bürgermeister **Tidemann Stein** unterzeichnete ihn im Namen unsrer Stadt. Doch diese Vereinigung ward einige Jahre darauf, durch den zwischen der Königinn und den Hanseestädten entstandenen Krieg wieder getrennet.

§. 16. Das unter den gedachten vier Städten errichtete gemeinschaftliche Münzwesen war dagegen von einer längeren Dauer. Es nahm mit dem vierzehnten Jahrhundert, und vieleicht noch früher seinen Anfang, ward in diesem und den beyden folgenden Jahrhunderten fortgesetzt und erreichete nicht eher, als mit dem Anfange des siebzehnten seine Endschaft. Der erste in die-

diesem Zeitraume vorkommende Receß ward am 6ten
Jan. 1433. verfertiget. Diesem folgete ein anderer,
der 1461, am Montage nach Nikolai datirt ist. Im
Jahre 1468. kamen drey Recesse nach einander zum
Vorschein, von welchem der erste am 22. Febr. auf=
gesetzt, aber hernach wieder aufgehoben ward. Denn
Lüneburg und Wismar liessen das Münzen anstehen,
Lübeck und Hamburg hingegen fuhren fort nach dem
Vertrag zu münzen. Ein Umstand, der die Entwer=
fung eines zweyten vom 10. Julii verursachte. Endlich
gab der in Deutschland sich immer vergrößernde Ver=
fall der silbernen Münze zu dem dritten Receß vom
22. Jul. d. J. Gelegenheit. Die Städte wollten dem
Verderben steuren und darinn einen gewissen Münzfuß
festsetzen, allein weil das gute alte Geld sich je mehr
und mehr verlohr und das Silber ihnen beym Einkauf
sehr hoch zu stehen kam, so liessen sie anfangs das
Münzen anstehen: wie aber auch damit nichts ausge=
richtet war, so entschlossen sie sich ihre Münze gleich=
fals zu verringern, und dem auswärtigen Gelde einen
gewissen Wehrt zu bestimmen. Zwo andere Vereini=
gungen, davon die eine am Mittewochen nach Cantate
1492 und die andere, welche den Silberkauf betraf
und wodurch der Ausführung des Silbers und der
Grenalie Einhalt geschah, im Monat Junii 1488 be=
kannt gemacht wurde, zeugen hievon. In gleicher
Absicht erfolgten noch ein Paar andere 1502 und 1504,
3. Dec. gemachte Ordnungen.

§. 17. Das sechszehnte Jahrhundert ist wegen der
anderwärts geschehenen Abänderung des Lübeckischen
Münzfußes und wegen des veränderten Gepräges der
silbernen und goldenen Münzen nicht weniger bemer=
kenswehrt. Zuerst vereinbarten sich die Braunschwei=
gischen Herzöge **Hinrich** und **Erich**, und der Hildes=
heimische

heimische Bischof **Bertold** mit den Städten Braunschweig, Hildesheim, Nordheim, Hannover, Eimbeck und Göttingen die Lübsche Währung mit Marken und Schillingen abzuschaffen, und dagegen die in den nahe gelegenen Obersächsischen Landen gewöhnliche Rechnungen nach Groschen anzunehmen.

§. 18. Ferner erschien im Jahre 1506 ein von den ist benannten vier Städten errichteter Münzreceß. Es ward darinn festgesetzt, dreyerley Sorten von Markstücke, nach einem gewissen Münzfuße prägen zu lassen. Ein wichtiger Zeitpunct für die Lübeckische Münze. Vor der Einführung der Speciesthaler waren diese Münzen in den hiesigen Gegenden die besten, ja fast die einzigen, und in der Folge wurden sie so sehr weggesucht, daß man sie mit 1—5 ß Aufgeld einwechselte. Man bediente sich derselben so wohl bey öffentlichen Gewerben als bey Privathandlungen. Nach ihrer Zehrung wurden fast alle Contracte und Verschreibungen eingerichtet. Von der einen Seite der Umschrift hiessen sie Staatsmarken (status marcae) und nach dem hierüber verfertigten Receß **Markpfennin**ge (Marcae denariorum) vermuthlich um damit anzudeuten, daß die vormalige erdichtete Mark jetzt zu einer wirklichen Mark geworden sey. Von diesem Gepräge giebt es auch welche, die den halben und dritten Wehrt der Lübeckischen Mark haben und daher um jenen die Worte: Semis Marcae und um diesen Ternarius Marcae zu lesen sind. Anderer, die Scheidemünzen betreffenden und in den Jahren 1512, 15. und 67. herausgenommenen Recesse nicht zu gedenken.

§. 19. Endlich ist auch das sechszehnte Jahrhundert in Ansehung des Lübeckischen Münzwesens vorzüglich merkwürdig. Der Kaiser **Maximilian** I. ertheilete

theilete der Stadt eine Vorschrift, wie ihre **Gulden**
und **Dukaten** inskünftige sollten gestempelt seyn. Er
hielt scharf darüber, daß entweder der Reichsapfel
oder der Reichsadler mit der Kaiserlichen Titelumschrift
auf den Münzen erscheinen sollte und verlangte aus:
drücklich, daß die Hauptseite mit dem Bildnisse Jo:
hannis des Täufers nebst dem doppelten Adler, und die
Rückseite mit dem Bilde eines auf dem Throne sitzen:
den Kaisers sollte gezieret seyn. Um jenen sollten die
Worte: Moneta civitatis und um diesen: imperialis
Lubecensis stehen. Ein solches Edict, das vornemlich
die Silbermünze betraf, erfolgte auch im Jahr 1551.
vom Kaiser **Carl** V. und im Jahr 1556. vom Kaiser
Ferdinand I. wiewohl mit einiger Veränderung. Es
sollten nemlich die Münzstände auf der einen Seite den
Kaiserlichen Reichsadler mit zweenen Köpfen und auf
der andern Seite ihr Wapen setzen. In der Brust
des Adlers sollte der Gehalt und um das Wapen das
Jahr beydes mit Zahlen angegeben, nebst der auf
beyden Seiten gewöhnlichen Umschrift, befindlich seyn.

§. 20. In den ersten zwanzig Jahren des siebzehn:
ten Jahrhunderts wurden ebenfalls verschiedene Münz:
vereinigungen, woran Lübeck am meisten Theil hatte,
bekant gemacht. Die Herzöge zu Mecklenburg und
Schleswig:Holstein errichteten mit unserer und der be:
nachbarten Stadt Hamburg 1609, 13. Mart. einen
besonderen Münzreceß. Und diesem folgte noch in
demselben Jahre am 29. Jul. ein dahin gehöriges
Mandat. So liessen auch die correspondirenden Städte
in unserer Stadt am 12. Oct. 1616 einen Münzab:
schied entwerfen: und dieser war, so viel man weiß,
ihr letzter schriftlicher Münzverein.

§. 21.

§. 21. Als der Reichsthaler nicht lange darnach auf eine ganz unerhörte Art im Preise hinaufgestiegen war und jedermann den Wehrt desselben heruntergesetzt zu sehen wünschte, giengen unserer und der Stadt Hamburg Gedanken gemeinschaftlich dahin, durch einen hieselbst am 12. Dec. 1618. festgesetzten Schluß, ihn wieder auf 40 ß zu bringen. Die Absicht ward aber nicht erreichet, denn der Thaler stieg dennoch, aller Vorkehrung ungeachtet, auf 44. und im folgenden schon auf 48 Schillinge.

§. 22. Um das Jahr 1619. erfrechten sich die sogenannten Kipper und Wipper, unter dem Namen und Wapen der hohen Landesobrigkeit, allerhand falsche Münzen zu prägen und unter die Leute zu bringen: dieß gab zu einem Interimsvergleiche Anlaß, den unsere Stadt und die beyden anderen Hanseestädte Bremen und Hamburg am 6. April 1620. mit den Herzögen **Adolph Friderich** und **Johann Albrecht** von **Mecklenburg** trafen. Diese zur Vorbeugung des Münzübels abgefaßte Verordnung war aber von sehr schlechter Wirkung, denn schon im folgenden Jahre war der Wehrt des Thalers zu 54 Schillinge hinangestiegen. Endlich als die Steigerung der guten gerechten Reichsmünze aufs höchste gekommen war und der Schade fast ganz unheilbar geworden zu seyn schien, dachte man darauf, dem Uebel ernstlich entgegen zu gehen und ihm auf das nachdrücklichste einen Riegel vorzuschieben. Es versammleten sich also am 11. Mart. 1622. des Königes von Dännemark, als Herzogs zu Holstein, der Herzöge zu Pommern, Mecklenburg, Holstein und Sachsenlauenburg, wie auch der beyden Städte Lübeck und Bremen, Abgesandte in Hamburg und errichteten daselbst, mit Zuziehung der Hamburger einen Vergleich, wobey sie zugleich am 8. April ein merkwürdiges Münzedict ausgehen liessen, dessen Absicht dahin gieng, daß der Reichsthaler, bis auf einen gewissen Tag des 1623. Jahres 48 ß, hernach aber beständig nicht höher, als 40 ß gelten sollte. Das Publikum war mit dieser Einrichtung zufrieden; allein weil in der Zahl 48 eine weit bequemere Vertheilung als in der Zahl 40 anzutreffen war, so behielt seit dieser Zeit der Reichsthaler den Werth von 48 ß beständig.

§. 23. Das Jahr zuvor hatte auch die Verbindung der vier correspondirenden Städte ihre Endschaft erreichet; denn zu Wismar ward die leichte Münze eingeführet und der Magistrat in Lüneburg verordnete, daß die Hamburgische Wehrung, die bisher einigermaßen üblich gewesen war, außer den Commercio mit Fremden gänzlich abgethan und aufgehoben seyn sollte. Die Münzverbindungen der Hanseestädte mit den großen Herren trenneten sich ebenfalls. Denn obwohl die ausschreibenden Fürsten des niedersächsischen Kreises mit Lübeck und Hamburg am 16. Sept. 1691 eine neue Vereinigung schlossen, so ward dieselbe dennoch niemals befolget.

§. 24. Wie sehr es sich übrigens unsere Stadt habe angelegen seyn lassen, den Kaiserlichen Münzprivilegien und Verordnungen gemäß zu handeln; wie sorgfältig sie gesucht habe, die Münze gegen alle Verfälschungen zu bewahren; mit welchem Eifer sie die Einführung fremder geringhaltigen Geldsorten zu hintertreiben bemühet gewesen sey, davon zeugen alle obrigkeitliche Mandate, die von 1533. bis auf unsere Zeiten im Druck erschienen sind.

§. 25. Was es mit der itzigen Lübeckischen Münze, der Wahrheit gemäß, für eine Beschaffenheit habe,

das

das lehret der Bericht, welchen E. H. R. dieser Stadt an des Kaisers Franz des ersten Majestät auf Dero Münzedict vom 13. Aug. 1759 abgestattet hat. Er ist am 20. October des erwehnten Jahres entworfen, und unter andern steht darinn dieses: "Ew. Kaiserl. „Maj. wir allerunterthänigst nicht verhalten mögen, „wie diese Stadt ihren eigenen, längst hergebrachten, „mit den Holsteinischen, Dänischen und dem Ham„burgischen nur allein übereinkommenden Münzfuß „unverändert beybehalten habe, wornach die Mark „fein Silber zu $11\frac{1}{3}$ Reichsthaler Courant, oder, wenn „man bey Marken computiren will, zu 34 Mark aus„gemünzet wird. So wie nun das hiesige Courant„geld in 48, 32, 16, 8, 4 und 2 Schillingsstücken „besteht, und wirklich in $11\frac{1}{3}$ Reichsthaler, der Zwey„schillingstücke sowohl, als in der gröbern Sorte ein „Mark fein Silber vorhanden: so bestehen gleichfalls „unsere Scheidemünzen in Schillingen, deren 48; in „Sechslingen, deren 96; und in Dreylingen, deren „192 auf einen Reichsthaler gehen, davon die Schil„linge zu 12 Rthl., die Sechslinge, wie auch die „Dreylinge zu $12\frac{2}{3}$ Rthl. die Mark fein Silber aus„gebracht worden. Nur erwähnte Münzsorten wer„den nicht anders als zu Scheidemünzen und zu kleinen „Ausgaben gebraucht, dahingegen alle öffentliche „Ausgaben und Gefälle in vorgedachten groben Cou„ranten Gelde schlechterdings entrichtet werden, des„gleichen auch in privat, bürgerlichen Gewerben nnd „Handthierungen für Waaren oder sonstigen Schuld„foderungen, wo nicht inter contrahentes ein anderes „verabredet und stipuliret worden, kein anderes Geld „als solches angenommen wird; gleich denn dieses, „im Fall eines darüber zu erhebenden Rechtsstreites, „oder wenn sich jemand ihme beygehen lassen würde,

„ſeinem Gläubiger fremde Münzſorten, zu welchem
„ Agio es auch ſeyn möchte, wider ſeinen Willen auf-
„ zudringen, den hieſigen Gerichten zur unabweichli-
„ chen Norme in iudicando dienet."

§. 26. Wie allerhuldreichſt S. Kaiſ. Maj. ſowohl
hierüber als auch über die wider die einreiſſenden Münz-
unordnungen vorgekehrte Maasregeln, Deroſelben
allerhöchſtes Gefallen zu erkennen gegeben haben, davon wollen wir unſere Leſer ebenfalls durch die Anfangs-
worte des hierauf erfolgten Kaiſerlichen Reſcripts vom
30. Oct. 1759. überzeugen, welche unſere Stadt zu
einem immerwährenden Ruhm gereichen. "Ehrſame,
„ liebe getreue!" (ſo fängt ſich das Reſcript an)
" Wir haben aus eurem sub praeſentato 29. Oct. nuperi
„ allergehorſamſt erſtatteten Bericht mit vieler Zufrie-
„ denheit gnädigſt entnommen, **mit was lobwür-**
„ **digen Eifer und ſteter Obſorge** ihr die Einhal-
„ tung unſerer wegen des Münzweſens erlaſſener des
„ Reichs allgemeinen Verordnungen euch von je her
„ habt angelegen ſeyn laſſen. Da nun dadurch das
„ daſige gemeine Stadtweſen für den aus dem Verfall
„ des Münzweſens ſich ergebenden und die mehriſte
„ übrige Reichslande jetztmahlen ſo härtiglich drücken-
„ den Schaden bewahret worden iſt. So habt ihr da-
„ mit weiter fortzufahren." ꝛc.

Lübeckisches Münz- und Medaillenkabinet.

Innhalt.

Vorläufiger Bericht von den Marken Silber und Marken Pfenningen 29-31. S.
(aus M. Jac. von Melle gründl. Nachricht von Lübeck 41stes Hauptst. 470-472. S.)

Stadtmünzen.

I.) Scheidemünzen.
  1) Schärfe 32 S.
  2) Heller 32 =
  3) Pfenninge 33 =
  4) Dreylinge 34 =
  5) Vierlinge 41 =
  6) Sechslinge 42 =
  7) Schillinge 47 =

I.) Courantgeld.
  1) Doppelschillinge 52 =
  2) Dütchen 58 =
  3) Vierschillingstücke 61 =
  4) Drittelmarkstücke 63 =
  5) Achtschillingstücke 64 =
  6) Markstücke 69 =
  7) Gülden oder Silbergülden 75 =
  8) Doppelte Markstücke 76 =
  9) Couranttaler 78 =

II.) Reichsmünzen.
  1) halbe Ortsthaler 79 =
  2) Ortsthaler 81 =
  3) h. Speciesthaler 88 =
  4) Speciesthaler 96 =

IV.) Silberne Medaillen.
  1) Gedächtnißmünzen 126 S.
  2) Consularmedaillen 128 =
  3) Jubelmünzen 140 =
  4) Schaupfenninge 143 =

V.) Goldene Münzen.
  1) Vierfeldukaten 148 =
  2) halbe Dukaten 149 =
  3) Goldgülden 150 =
  4) Dukaten 153 =
  5) Anderthalb Dukaten 161 =
  6) Doppelte Dukaten und Rosenobel 161 =
  7) Vierdukatenstücke 163 =
  8) Portugaleser 164 =

VI.) Goldene Medaillen.
  1) Gedächtnißmünzen 165 =
  2) Jubelmünzen 165 =
  3) Schaupfenninge 166 =

Bischöfliche und Kapitelsmünzen.

I.) Silberne.

1) Pfenninge 167 S.
2) Dreylinge 167 =
3) Sechslinge* 167 =
4) Doppelschillinge 167 =
5) Dreygrotstücke 168 =
6) Dütchen 168 =
7) Vierschillingstücke 170 =
8) Sechsschillingstücke 170 =
9) Bremermark 171 =
10) Zweydrittelstücke 171
11) Zweymarkstücke 172
12) halbe Speciesthaler 172
13) Speciesthaler 173
14) Medaillen 181

II.) Goldene.

1) Goldgülden 182
2) Dukaten 182
3) halbe Portugaleser 183
4) ganze Portugaleser 184

Erklärung der Zeichen:

Mit einem (*) sind bezeichnet:

1) Die in den übrigen Wendischen Städten gemünzte Staatsmarken, welche zu den Lübeckischen Scheidemünzen und Courantgelde gehören.

2) Die fremden goldenen Münzen, auf welchen sich Lübeckisches, mit dem doppelten Adler bezeichnetes Schildchen eingestempelt findet.

Mit einem (†) sind bezeichnet: die Münzen, welche der sel. Müller zwar gesehen, aber noch nicht hat habhaft werden können.

Vorläufiger Bericht
von den
Marken Silbers und Marken Pfenninge.

Man rechnete vor Alters zu Lübeck bey **Marken Silbers** und **Marken Pfenninge**. Beyde waren kein besonderes Gepräge, sondern es ward damit ein gewisses Gewicht oder eine gewisse Zahl verschiedener kleiner Geldsorten angedeutet. Das Gewicht hatte von dem darauf gesetzten obrigkeitlichen Zeichen den Namen **Mark** bekommen und war in Lothen, deren eines 18 Grän enthält, eingetheilet. Zu einer **Mark Silbers** wurden 32 Stück Schillinge, 16 Loth oder 288 Grän schwer, erfordert und zu einer **Mark Pfenninge** die Hälfte, nämlich 16 Schillinge, die am Gewicht 8 Loth oder 144 Grän hielten. Beyde Arten der Mark, sonderlich die letzte, werden in unzählig vielen alten Urkunden des zwölften und der folgenden Jahrhunderte angeführet. Die ältesten Kaufbriefe, Verschreibungen und Testamente waren gemeiniglich nach **Marken Silbers** eingerichtet: und so oft die Rede von einer Zahlung in Geldsorten von der besten Gattung war, setzte man dabey, daß in der Benennung der **Marken Silbers**, ein Silber das unverfälscht geblieben wäre und die Münzprobe ausgehalten hätte (Marcae argenti puri s. examinati) zu verstehen sey.

Mit den **Marken Pfenningen** ward vormals große Handlung getrieben. Ihrer wird in den ältesten Lateinischen Dokumenten unter zweyerley Namen gedacht. Gewöhnlich hießen sie *marcae denariorum* und zuweilen *marcae nummorum*. Unser oberes

Stadtbuch bestätiget es, daß beyde Benennungen im Grunde einerley gewesen sind. Zwischen diesen zur Bestimmung der Geldsummen angenommenen Marken befand sich das folgende Verhältniß. Die **Marken Silbers** galten zweymal so viel, als die **Marken Pfenninge**; weil jene am Gewicht 16 Loth, diese aber nur 8 Loth hielten. Diese Bewandniß hatte es in der zwoten Hälfte des dreyzehnten Jahrhunderts, welches neben dem oberen Stadtbuche, eine der angeführten Rathsmatrikel hinzugefügte Nachricht und eine alte Handschrift des Lübeckischen Rechtes augenscheinlich ausweisen. Auch noch im Jahre 1351 hatten die **Marken Pfenninge** den nämlichen Wehrt. Ein gewisses in diesem Jahre errichtetes Testament saget es uns, daß damals 200 Mark Silbers und 245 Mark Pfenninge eine Summe von sechs und einem halben hundert Markpfenninge weniger 5 Mark d. i. 645 Markpfenninge ausgemacht haben. Doch war dieß nur vom ordentlichen und gewöhnlichen Silber zu verstehen; denn **eine Mark feines Silbers** war zu derselben Zeit ein Drittheil höher im Preise.

Berechnet man nun diese **Mark Pfenninge**, deren zwey eine Mark Silbers ausmachten, nach unserm heutigen Courantgelde und erweget man dabey, daß eine Mark ordentliches und hiesiges Silbers, das 12 löthig ist, unserer itzigen Münze nach, 24 Mark Lübisch gilt, eine Mark feines Silbers aber 32 Mark, so folget, daß dazumal **eine Mark Pfenninge** so gut als heutiges Tages zwölf Mark Lübisch und **eine Mark Silbers** so gut als sechszehn Mark Lübisch gewesen ist.

Will man ferner das Verhältniß der damaligen Pfenninge mit den itzt gangbaren Lübeckischen Schillingen wissen, so darf man nur merken, daß dazumal schon eine Mark aus sechzehn Schillingen und ein

Schil-

Schilling aus zwölf Pfenningen bestanden habe; und sodann ist der Schluß dieser: Ein Schilling vom gemischten Silber war zur damaligen Zeit so gut, als itzt zwölf und von reinem unverfälschten Silber so gut als itzt sechszehn Schillinge sind, mithin war ein damaliger Pfenning zum wenigsten einem heutigen Schillinge gleich.

Mit dem Gewichte der ehemaligen, auch hier und dort noch vorhandenen, alten Lübeckischen Pfenninge, davon die **Marken Pfenninge** den Namen haben, hat es folgende Bewandniß: Einer der besten und schweresten wiegt gerade ¾ Grän. Folglich wegen 12 Pfenninge, die einen Schilling ausmachen, 9 Grän, oder ein halbes Loth. Dieses gilt, wenn es auch nur von dem gewöhnlichen Gehalt ist, einen Ortsthaler. Dem zufolge haben also die aus 16 Schillinge bestehende **Marken Pfenninge** 8 Loth gewogen und waren daher, dem itzigen Werthe nach, einer halben Mark Silbers d. i. vier Reichsthalern oder zwölf Marken gleich.

Da nun die Pfennige, Schillinge und Münzen von einer ganz andern Gattung, und um das zwölffache ja sechszehnmal besser waren, als man sie zu unsern Zeiten findet, so wird es keinem, der des itzigen viel leichteren Geldes gewohnt ist, annoch fremd vorkommen, daß man eine Waare, die heutiges Tages viel ein Mehres gilt, um etliche wenige Pfenninge oder Schillinge kaufen konnte, und daß man vor Zeiten den Arbeitsleuten kaum so viel Pfenninge zum Lohn gab, als man itzund an Schillingen erlegen muß.

So wie aber die Lübeckischen Pfenninge von Zeit zu Zeit am Gewichte so wohl, als an innerlicher Güte merklich abnahmen, so mußten auch nothwendig die Schillinge und Marken immer schlechter werden, bis sie endlich den heutigen festgesetzten Werth bekamen.

Stadtmünzen.

I) Scheidemünzen.

1. Schärfe.

Ein kupferner Schärf. Av.) Ein Schildchen mit dem zweyköpfigten Adler. Rev.) Das weiß und roth getheilte Stadtwapen mit der Jahrzahl 1542 $\frac{1}{32}$ Loth.

Dergleichen, mit der Jahrzahl 1546. $\frac{3}{64}$ Loth.

Dergleichen, mit der Jahrzahl 1556.

Dergleichen, A.) Das Stadtwapen und oben drüber die Jahrzahl 1570 R.) SCH ARF in zwo Reihen. $\frac{1}{16}$ Loth.

> Anmerk. Diese geringhaltigste Scheidemünze ist seit länger denn 200 Jahren nicht mehr gangbar gewesen. Im Lateinischen kommen sie unter verschiedenen Namen vor. Bald heissen sie *Semunciae,* bald *Oboli, vel Semunciae solidi,* bald *Teruncii.* Man sehe die ältesten Nomenclatores des *Erasmi Sarcerii, Nathan. Chythraei &c.* M. Jac. von Melle Abhandlung von Lübeckischen Münzzen 953 u. f. S. und dessen Nachricht von Lübeck 41. Hauptstück 375. S.

2. Heller.

Ein Heller von gutem Silber, auf beyden Seiten von einerley Gepräge; nämlich: ein Schildchen, mit dem zweyköpfigten Adler und den Buchstaben LVB. in einem Dreyeck umhergestellt. Oberhalb des Schildchens stehet L, zur Rechten V. und zur Linken B. $\frac{1}{32}$ Loth.

Dergleichen von schlechterem Silber. Av.) Der zweyköpfigte Adler, mit der Umschrift in alten Buchstaben: MONETA: LVBICEN. R.) Das Stadtwapen auf einem Kreuz. Umher: CIVITAS. IMPERIAL. $\frac{1}{32}$ Loth.

Heller. Pfenninge.

Ein Heller von Kupfer, in der Größe eines itzigen Schillings und ohne Umschrift: A.) Der zweyköpfigte Adler in einer runden Einfassung. R.) das Stadtwapen auf einem Kreuze und in einer runden Einfassung. $\frac{1}{4}$ Loth.

> Anmerk. Diese Scheidemünzen sind schon im 13. und 14. Jahrhundert geprägt. In einer Lateinischen Urkunde des Jahres 1262 heissen sie *Oboli* und in einer Teutschen vom Jahre 1390 werden sie Hellinge genannt. Von Melle gesteht, daß er ihren Werth nicht habe in Erfahrung bringen können v. Ei. Lub. ciuil. f. Rer. Lubec. MS. Tom. I. lib. 2. cap. 8. allwo es p. 320. heißt: Cuius valoris fuerint eiusmodi *oboli* incompertum habemus; denariis tamen fuisse pretio minores et vulgo Hellinge audiisse putamus. S. dessen Abhandl. 953. S. und Nachr. von Lübeck 474 S.

3. Pfenninge.

Ein Hohlpfenning von gutem Silber, mit dem zweyköpfigten Adler gestempelt. Der Wehrt ist einem Schillinge gleich. $\frac{1}{16}$ Loth.

> S. von Melle Abhandl. 955 S. dessen Nachr. von Lübeck 475. S. *Molan.* P. 2. n. 1—4. p. 56. Seeländer n. 9. p. 38.

Dergleichen, etwas kleiner. $\frac{3}{64}$ Loth.

Dergleichen, von etwas schlechteren Silber $\frac{3}{64}$ Loth.
> von Melle Abhandl. 955. S. Nachr. v. Lübeck 475. S. Seeländer n. 10. 38. S.

Dergleichen, von noch schlechteren Silber, $\frac{3}{64}$ Loth.

Dergleichen, von ganz schlechten Silber oder von Kupfer und viel kleiner, $\frac{1}{64}$ Loth.

Dergleichen von schlechten Silber. Zwey neben einander stehende Schilde, der eine mit dem Reichsapfel, der andere mit dem Stadtwapen. Oben N. S. P. d. i. Nie Stadt Penning. Unten 74 (1574) $\frac{1}{32}$ Loth.

> von Melle Abhandl. 956 S.

Dergleichen, eben so geprägt, unten mit 82. (1582.)
Dergleichen ohne Jahrzahl.
> Von den Hohlpfenningen handelt unser berühmter Herr Thumpropst Dreyer in den Lübeckischen Verordnungen 172. S. (†)

Ein Pfenning von schlechtem Silber. A.) Das Stadtwapen und zur Linken 73. (1573.) R.) $^{N.\ S.}_{D.}$ $\frac{1}{32}$ Loth.
> Itziger Zeit haben die Pfenninge kein besonderes Gepräge mehr.

4. Dreylinge.

Ein **Dreyling**, von gutem Silber. A.) Der doppelte Adler. MONETA. LVBICEN. R.) Ein durch die Umschrift gehendes Kreuz. CIVITAS. IMPER. mit alten Mönchsbuchstaben. $\frac{5}{64}$ Loth.

Dergleichen. A.) Ein Schild mit dem doppelten Adler. MONETA. LVBICENSIS. nebst einem Stern. R.) Dasselbe Schild. CIVITAS. IMPERIALIS. mit alten Mönchsbuchstaben nebst einem Stern $\frac{5}{64}$ Loth.

Dergleichen. A.) Das Stadtwapen. MONETA. LVBICEN. 1702 (1502) ✠. R.) Ein Kreuz. AVE. CRVX. SPES. VNICA. ✠ In Mönchsbuchstaben $\frac{5}{64}$ Lt.

Dergleichen. A.) Der doppelte Adler. MONETA. LVBICEN. 1512. R.) Die Wapen der Städte Hamburg, Lüneburg und Wismar ins Dreyeck gestellet, in deren Mitte ein kleines Kreuz angebracht ist. CRX. F. OE. MAL. (Crux fugat omne malum) In Mönchsbuchstaben. $\frac{21}{256}$ Loth.
> von Melle Nachr. von Lübeck 476 u. f. S.

*) Der-

(†) Ein Pfenning von schlechtem Silber. A.) Der Reichsapfel in dessen untere Hälfte I. d. i. ein Pfenning. R.) Das Stadtwapen und oben drüber 1568. $\frac{1}{32}$ Loth.

* Dergleichen. A.) Ein Schildchen mit dem Nesselblatt. MONE'. HAMBVRG'. 1512. R.) Die drey
Wapen von Lübeck, Lüneburg und Wismar, in
deren Mitte ein Kreuz ist CRX FOE MAL. mit alter
Schrift. $\frac{21}{256}$ Loth.
   S. Langermanns Hamb. Münz- und Medaillen-Vergnü-
   gen 52 St. n. 4. 409. S.

* Dergleichen von eben diesem Jahre und von gutem
Silber. Vermuthlich vom nämlichen Stempel und
zur Probe abgeprägt. Wiegt $\frac{1}{4}$ Loth.

* Dergleichen, A.) das Wismarsche Stadtwapen.
MONE'. WISMAR'. 1512. R.) Die Wapen der
Städte Lübeck, Hamburg und Lüneburg. In der
Mitte ein Kreuz. CRX. FOE. MAI. (In Mönchs-
buchstaben) $\frac{21}{256}$ Loth.

Ein **Dreyling**. A.) Der doppelte Adler im Schilde.
MONETA. NOVA. LVBI. ✠ R.) Das Stadt-
wapen, auf einem durch die Umschrift gehenden
Kreuz. DEO. PRIncipi SIT. GLOria. In Mönchs-
buchstaben. $\frac{1}{16}$ Loth.
   Vor dem Jahre 1522 geprägt. v. Melle Nachr. von
   Lüb. 477. S.

Dergleichen von gutem Silber. A.) Der gekrönte doppelte Adler, welcher einen Reichsapfel mit der Zahl 3,
(3 Pfenninge) auf der Brust sehen läßt. CARO. V.
IMP. AVG. R.) Johann der Täufer, Lübecks
Schutzheiliger, in einer länglicht runden, oben und
unten zugespitzten Einfassung. Unten bey seinen
Füßen, findet sich das Stadtwapen, zu dessen Rechten der Kopf eines vierfüßigen Thieres, Joach.
Tiele Münzmeisterzeichen. An den beyden Seiten
des Hauptes stehen die Merkzeichen der beyden dem
Münzwesen damals vorgesetzten Bürgermeister

Gotthards von Höveln und **Antons von Stiten.** MO. NO. [LVBIC. $\frac{3}{64}$ Loth. (†)
Zwischen 1549 und 1554. geprägt. von Melle ebendaſ. 477. u. f. S.

Dergleichen von gutem Silber ohne Jahrzahl. A.) Der doppelte Adler in einem Schilde. MONETA. NOVA. LVBICE. ✠. R.) Das Stadtwapen. CIVITAS. IMPERIAL. ✠ $\frac{17}{256}$ Loth.

Dergleichen. A.) Der Reichsapfel, mit der Zahl 128. und an den Seiten die mindere Zahl 72. (1572). Mit der Zahl 128. ward angedeutet, das dazumal so viel Dreylinge, (welche 32 Schillinge ausmachen,) auf einen Thaler gegangen sind. MA. IM. AV. P. F. D. (Maximiliani, Imperatoris Augusti publicari fecit decreto) DRELI. (Dreyling) R.) Das Stadtwapen. MONE. NOV. LVBEC. daneben ein Vögelchen, des Münzmeisters Joach. Dalemanns Abzeichen. $\frac{5}{64}$ Loth.
von Melle Abhandl. 957. S. Nachr. von Lübeck 478. S.

Dergleichen. A.) Der gekrönte doppelte Adler. CIVITAS. IMPERIAL. R.) Der Reichsapfel mit der Zahl 128. MONE. NO. LVBEC. 603 (1603) daneben eine Lilie Statii Wessels Münzmeisterszeichen. $\frac{1}{16}$ Loth.

Dergl.

(†) Dergl. A.) Ein Schild mit dem doppelten Reichsadler. CIVITAS. IMPERIALIS. nebſt Tielens Münzmeiſterzeichen. R.) Das Stadtwapen, auf einem durch die Umſchrift gehenden Kreuze. MON. NOV. LVBICE $\frac{1}{16}$ Loth.
Zwischen 1549 und 1554. geprägt. von Melle Abhandl. 957 S. Nachr. v. Lüb. 477. S.

Dergleichen. Av.) Der gekrönte Reichsadler CIVITATIS. IMPERIAL. (Insigne) Rev.) Der Reichsapfel mit der Zahl 128. MONE. NO. LVBEC. 604. (1604.) nebst Statii Wessels Münzmeisterzeichen. $\frac{1}{18}$ Loth.

Dergleichen. A.) Der gekrönte doppelte Adler. CIVITA. IMPERI. R.) Der Reichsapfel mit der Zahl 192; anzudeuten, daß so viel Dreylinge einen Thaler gelten. MONE. NO. LVBE 9. (1609) nebst einer Sonne, Hinr. von der Klähren Münzmeisterzeichen. $1\frac{5}{28}$ Loth.

Dergleichen. A.) Der gekrönte Reichsadler CIVITAT. IMP. nebst der mindern Zahl 12 (1612) R.) ist dem vorhergehenden gleich.

Dergl. mit 20. (1620.)

Dergl. mit 21. (1621.)

Dergl. mit 22. (1622.)

Dergl. mit 24. (1624.)

Dergl. von selbigem Jahr. In dem Reichsapfel steht 162 statt 192.

Dergl. mit 25. (1625.)

Dergl. mit 26. (1626.)

Dergl. von selbigem Jahr. In dem Reichsapfel steht abermal 162 statt 192.

Dergl. mit 27. (1627.)

Dergl. mit 28. (1628.)

Dergl. mit 29. (1629.)

Dergl. Statt der mindern Zahl 29 (1629.) steht 92.

Dergl. mit 30. (1630.)

Dergl. mit 30. ohne Münzmeisterzeichen.

Dergl. mit 31. (1631.)

Dergl.

Dergl. mit 32. (1632.)
Dergl. mit 33. (1633.)
Dergl. mit 34. (1634.) ohne Münzmeisterzeichen.
Dergl. mit 35. (1635.)
Dergl. mit 36. (1636.)
Dergl. mit 37. (1637.)
Dergl. mit 38. (1638.)
Dergl. mit 39. (1639.)
Dergl. mit 41. (1641.)
Dergl. mit 42. (1642.)
Dergl. mit 43. (1643.)
Dergl. mit 44. (1644.)
Dergl. ohne Jahrzahl.
Dergl. A.) Der gekrönte Reichsadler. CIUITAT. IMP. R.) Der Reichsapfel mit der Zahl 192. MONE. NO. LUB. darneben ein Stern, Hans Wilms Münzmeisterzeichen.
 Zwischen 1645 und 1660 gepräget.
Dergl. A.) Der gekrönte Reichsadler. CIUITAT. IMPE. nebst dem Stern. R.) Der Reichsapfel mit der Zahl 192. MONE. NO. LUB.
 Zwischen 1645 und 1660. gepräget.
Dergl. A.) Der gekrönte Reichsadler. CIVITAT. IMP. R.) Der Reichsapfel mit der Zahl 192. MONE. NO. LVB. 45. (1645.) nebst dem Stern.
Dergl. A.) Der gekrönte Reichsadler. CIVITAT. IMP. R.) Der Reichsapfel mit der Zahl 192. MONE. NOVA. 45. (1645.) nebst dem Stern.
Dergl. A.) Der gekrönte Reichsadler. CIVITAT. IMPERI. R.) Der Reichsapfel mit der Zahl 192. MONE. NO. LVB. 46. (1646.) nebst dem Stern.
         Dergl.

Dergl. mit 47. (1647.)
Dergl. mit 48. (1648.)
Dergl. mit 49. (1649.)
Dergl. mit 50. (1650.) ohne Münzmeisterzeichen.
Dergl. mit 51. (1651.)
Dergl. mit 52. (1652.)
Dergl. mit 54. (1654.) auf dem Rev. steht LU statt LVB.
Dergl. mit 55. (1655.) ohne Münzmeisterzeichen.
Dergl. A.) Der gekrönte Reichsadler, ohne Münzmeisterzeichen. CIVITA. IMP. 55. (1655.) R.) Der Reichsapfel, mit der Zahl 192. MONE, NO. LUBE.
Dergl. mit 56. (1656.) ohne Münzmeisterzeichen. Auf dem Avers steht LVBE statt LUBE
Dergl. mit 57. (1657.) ohne Münzmeisterzeichen.
Dergl. mit 59. (1659.) ohne Münzmeisterzeichen.
Dergl. mit 60. (1660.)
Dergl. A.) Der gekrönte Reichsadler. CIVITAT IMPERIA. R.) Der Reichsapfel mit der Zahl 192. MONE. NO. LVBE. 65. (1665.) daneben ein Arm mit einem Kleeblatt in der Hand, Matthias Freude Münzmeisterzeichen.
Dergl. mit 66. (1666.)
Dergl. A.) Der gekrönte doppelte Adler. CIVITAT. IMPERI. R.) Der Reichsapfel mit der Zahl 192. MONE. NO. LVBE. 67. (1667.) nebst dreyen Sternen in einem Zirkel, als Lorenz Wagners Münzmeisterzeichen.
Dergl. A.) Der gekrönte doppelte Adler, ohne Münzmeisterzeichen. CIVITA. IMP. 68. (1668.) R.) Der Reichsapfel mit der Zahl 192. MONE. NO. LVBE.

Dergl. A.) Der gekrönte Reichsadler. CIVITAT. IMPERI. **R.)** Der Reichsapfel mit der Zahl 192. MONE. NO. LVB. 71. (1671.) nebst dem Wagnerischen Münzmeisterzeichen.

Dergl. mit 72. (1672.)

Dergl. A.) Der gekrönte doppelte Adler. CIVITAT. IMPERI. **R.)** Der Reichsapfel mit der Zahl 192. MON. NO. LVBE. 75. (1675.) daneben ein geharnischter Arm, mit einem Schwert; Hans Ridders Münzmeisterzeichen.

Dergl. ohne Jahrzahl.
Dergl. mit 97. (1697.)
Dergl. mit 98. (1698.)
Dergl. mit 1. (1701.)
Dergl. mit 05. (1705.)
Dergl. mit 06. (1706.)
Dergl. mit 07. (1707.)
Dergl. mit 09. (1709.)
Dergl. mit 10. (1710.)

Dergl. A.) Der gekrönte Reichsadler, mit dem Stadtwapen auf der Brust. Unten J. J. J. (Johann Justus Jaster) des Münzmeisters Name und zwey geschränkte Zaynhaken. CIVITAT. IMPERI. **R.)** I. DREILING (in drey Reihen.) MON. NOVA. LVBEC. 1727.

    S. von Melle Abhandl. 958. S. Nachricht von Lübeck 479. S.

Dergl. mit 1728.
Dergl. mit 1733.
Dergl. mit 1737.
Dergl. mit 1742.
Dergl. mit 1747.

Dergl. A.) Der gekrönte Reichsadler, mit dem Stadtwapen auf der Brust. **R.)** I. DREILING. 1752. J. J. J. in fünf Reihen, zwischen zwey Lorbeerzweigen.

                                    Dergl.

Dergl. A.) Der gekrönte Reichsadler, mit dem Stadt:
wapen auf der Brust. R.) I. DREILING. 1762.
D P Z (Diderich Philipp Zachau) damaliger Münzmeister. In fünf Reihen zwischen zwey Lorbeer:
zweigen.

Von dieser itzigen kleinsten Scheidemünze ist nachzulesen
Jac. von Melle Abhandl. 956—958. S. und dessen
Nachr. von Lübeck 476—479. S.

5. Vierlinge.

Ein Vierling. A.) Der gekrönte zweyköpfigte
Reichsadler mit dem Stadtwapen auf der Brust.
LEOP. D. G. RO. IM. SEM. AVG. (Leopoldus Dei
gratia Romanorum Imperator Semper Augustus. R.)
LVB. STADT GELDT und in der Mitte IIII PFEN:
NIG: 1687. (in vier Reihen) $\frac{1}{16}$ Loth.

von Melle Abhandl. 958. S. dessen Nachr. von Lübeck
480. S.

Sie sind nicht mehr im Gebrauche.

Anmerkungen.

1) Diese Art Scheidemünze war schon im 15. Jahrhundert
ausgeprägt und unter dem Namen: *Triens, Albus, Witten*
bekannt. Die ältesten und schwersten hatten den Werth
eines halben Schillings. Die eine Seite war mit dem
doppelten Adler und die andre mit einem Kreuze, in dessen
Mitte das Stadtwapen stand, bezeichnet. Trientes heissen
diese Vierlinge, weil sie den dritten Theil eines Assis ausmachten. Im Jahre 1502 wurden auch welche gemünzt.

2) Die Stadt hatte damals auch noch geringere Geldsorten
zu 1. 2. und 5 Pfenningen ausprägen lassen. Die ein
Pfenningstücke, damals *vnciae* genannt, (vermuthlich die,
welche man im Jahre 1481. in Bezahlung anzunehmen
sich weigerte) waren klein und hohl. Auf denselben stand
das Stadtwapen und 288 machten einen Gulden aus. Die
zu zwey Pfenninge waren ebenfalls hohl und mit dem
Stadtwapen bezeichnet. Ein solches Stück hieß *Sextans*,
Blaffert oder Plappert und 144 derselben thaten einen
Gulden.

Vierlinge. Sechslinge.

Gulden. Ein fünf Pfenningstück, *Quincunx* oder **Körtling** zubenamet, führte auf dem Avers den gekrönten doppelten Adler und auf dem Revers das roth und weiß getheilte Stadtwapen, davon 84 auf einen Gulden gerechnet wurden.

S. die vorhin angeführten alten *Nomenclatores*. New Münz Buech, gedruckt zu München 1597. fol. auf der zwepten Seite des 48. Bl. von Melle Abhandl. 958. S. Langermanns Hamb. Münz-und Medaillen Vergnügen 450. S.

6. Sechslinge.

Ein Sechsling von gutem Silber. A.) Der doppelte Adler in einem Schilde. MONETA: LVBICENSIS: mit einem Stern. R.) ebenfals der doppelte Adler in einem Schilde. CIVITAS. IMPERIALIS. nebst dem Stern. In Mönchsbuchstaben. $\frac{1}{8}$ Loth.

Dergleichen von einem andern Stempel.

Dergleichen von gutem Silber. A.) Der Reichsadler. MONETA: LVBICENS: und eine Blume. R.) Ein Kreuz. CIVITAS. IMPERIAL. nebst der Blume. In Mönchsbuchstaben $\frac{7}{64}$ Loth.

von Melle Abhandl. 959. S.

Dergleichen von gutem Silber. A.) Der doppelte Reichsadler. MONETA: LVBICENS. * R.) Ein Kreuz. CIVITAS: IMPERIAL. * In Mönchsbuchstaben $\frac{3}{32}$ Loth.

von Melle ebendas. 959. S.

Dergleichen von gutem Silber. A.) Der zweyköpfigte Reichsadler. MONETA: LVBICENS. ✚ R.) derselbe. CIVITAS. IMPERIAL. In alten Buchstaben. $\frac{3}{32}$ Loth

von Melle ebendas.

Dergleichen. Auf dem Revers ein Lilienkreuz.

Sechslinge.   43

Dergleichen von gutem Silber. A.) Der doppelte Adler in einem Schilde. MONETA LVBICENSIS R.) R.) ebenfalls der doppelte Adler in einem Schilde. CIVITAS IMPERIALIS. Die Umschrift in alten Buchstaben und zwischen jedem Wort ein Kleeblatt. $\frac{3}{32}$ Loth.

> von Melle Abhandl. 959. S. Numophylacium Molano-Boehmer. P. 3. n. 253. p. 773.

Dergleichen von gutem Silber. A.) Ein Schild mit dem doppelten Adler. MONETA· LVBICENSIS ·✠· R.) Ein Kreuz, in dessen Mitte das Stadtwapen und zwischen den vier Ecken ein o CIVITAS· IMPERIALIS ·✠· In alten Buchstaben. $\frac{3}{32}$ Loth.

Dergleichen von gutem Silber. A.) Ein Schild mit dem Reichsadler. CIVITATIS. IMPERIALIS 1702. (1502)✠ In Mönchsbuchstaben. R.) Das Stadtwapen. MONETA. NOVA. LVBICEN. ✠. $\frac{3}{32}$ Loth.

Dergleichen. A.) Ein Schild mit dem doppelten Adler CIVITAS.IMPERIALIS. daneben ein Blatt, des Münzmeisters Jürgen Bockholt Abzeichen. R.) Das Stadtwapen, auf der Mitte eines Kreuzes, in dessen vier Winkel ein Kügelchen. MONETA. LVBICENS. 1537. nebst dem Münzmeisterzeichen. $\frac{3}{32}$ Loth.

> S. Wolff Stürmers Vorzeichnüs ꝛc. p. 99.

Dergleichen von gutem Silber. A.) Der gekrönte doppelte Reichsadler, mit dem Reichsapfel auf der Brust, darin die Zahl 6 d. i. 6 Pfenninge. CAROLI. V. IMP. AVG P. D. R.) Johann der Täufer, der im linken Arm ein Lämmchen auf einem Buche hält. Unter seinen Füßen steht das Stadtwapen. Die Einfassung ist oval und geht oben und unten spitz zu. Auch ist um den Zirkel der Umschrift ein bogenförmiger Kranz gezogen. Zu beyden Seiten des Hauptes,

in

in der Umschrift, findet sich zur Rechten des Bürger=
meisters **Gotthard von Hövelen** und zur Linken
des Bürgermeisters **Anton von Stiten** Abzeichen.
Unten steht zur Rechten der Kopf eines Thieres, das
Münzmeisterzeichen Joachim Tiele. MON. NOV.
LVBICEN. $\frac{11}{128}$ Loth.

L   Diese Münze ist zwischen 1549 und 1554. geprägt und
die erste, worauf man das Merkzeichen der Bürgermei=
ster sieht, welches nicht leicht anderswo im Römischen
Reiche vorkommen wird.
von Melle Abhandl. 959. S.

Dergl. A.) Der zweyköpfigte Reichsadler. MONETA.
LVBICENS. 1550. nebst Joach. Tiele Münzmeister=
zeichen. R.) Die Wapen der Städte Hamburg,
Lüneburg und Wismar ins Dreyeck gestellet und in
der Mitte ein Kreuz. $\frac{5}{64}$ Loth.
von Melle ebendas.

Dergl. A.) Ein Schild mit dem zweyköpfigten Reichs=
adler. CIVITAS. IMPERIALIS. daneben J. T. Münz=
meisterzeichen. R.) Das Stadtwapen auf einem
Kreuze, in dessen 4 Winkel ein Kügelchen. MONETA.
LVBICENS. 1552 daneben das Münzmeisterzeichen
$\frac{5}{64}$ Loth.

Dergl. A.) Ein Schild mit dem Reichsadler CIVITAS.
IMPERIALIS. darneben ein Vögelchen, Joach.
Dalemanns Münzmeisterzeichen. R.) Das Stadt=
wapen auf einem Kreuze, in dessen vier Winkel ein
Kügelchen. MONETA. LVBECENS. 1559. $\frac{3}{32}$ Loth.

Dergl. A.) Der Reichsapfel, in dessen untere Hälfte
eine etwas unkenntliche Zahl; wahrscheinlich die Zahl
64. denn so viel Schillinge machten damals einen
Thaler aus. MAXIMI. II. D. G. IMP. SE. AV. R.)
Das

Sechslinge.

Das Stadtwapen, nebst zweyen Kügelchen zu beyden Seiten. MONE. NOV, LVBECEN. 1568. nebst J. D. Münzmeisterzeichen. $\frac{7}{64}$ Loth

Dergl. A.) Der Reichsapfel mit der Zahl 64. und oben zwischen dem Kreuze desselben die getheilte Zahl 72. (1572.) MA. IM. AV. P. F. D. HALB. SCH. R.) Das Stadtwapen. MONETA. NOVA. LVBECE. nebst J. D. Münzmeisterzeichen. $\frac{3}{32}$ Loth.

Dergl. A.) Der gekrönte zweyköpfigte Reichsadler. CIVITATIS. IMPERIALI. R.) Ein Schild mit dem Reichsapfel, darinn die Zahl 64. und oben drüber 89 (1589.) MONETA. NOVA. LVBEC. darneben eine Blume, Clas Roethusen Münzmeisterzeichen. $\frac{5}{44}$ Loth.

Dergleichen. A.) Der gekrönte zweyköpfigte Adler. CIVITATIS. IMPERIALI. R.) Der Reichsapfel, mit der Zahl 64 und drüber 92. (1592.) MONETA. NOVA. LVBEC. darneben das Münzmeisterzeichen, $\frac{5}{44}$ Loth.

von Melle Abhandl. 960. S.

Dergl. mit 95 (1595) $\frac{5}{64}$ Loth.

Ein Sechsling von gutem Silber. A.) Der gekrönte zweyköpfigte Reichsadler. CIVITATIS. IMPERIAL. R.) Der Reichsapfel mit der Zahl 64. und oben drüber 97. (1597) MONETA. NOVA. LVBEC. nebst dem Münzmeisterzeichen C. R. $\frac{1}{4}$ Loth.

Ist vermuthlich ein Probestück.

Dergl. A.) Der gekrönte zweyköpfigte Reichsadler. CIVITATIS. IMPERIAL. R.) Der Reichsapfel mit der Zahl 64. MONE. NO. LVBECK. 601. (1601.) Daneben das Münzmeisterzeichen. $\frac{5}{54}$ Loth.

Dergl.

Dergl. A.) Der gekrönte zweyköpfigte Reichsadler. CIVITATIS. IMPERIAL. R.) Der Reichsapfel mit der Zahl 64. MONE. NOVA. LVBEC. 603. (1603.) nebst einer Lilie, Statii Wessels des jüngern Münzmeisterzeichen. $\frac{5}{64}$ Loth.

Dergleichen mit 604. (1604.)

Dergl. A.) Der gekrönte zweyköpfigte Reichsadler. CIVITAT. IMPERI. R.) Das Stadtwapen auf einem Kreuze und unten die Zahl 96. weil ihrer so viel auf den Thaler zu rechnen gewesen sind. MONE. NO. LVBEC. 620. (1620.) darneben eine Sonne, Hinr. von der Klähren Münzmeisterzeichen. $\frac{1}{16}$ Loth.

v. Melle Abhandl. 960. S. dessen Nachr. v. Lübeck 482. S.

Dergl. mit 20. (1620.)
Dergl. mit 21. (1621.)
Dergl. mit 22. (1622.)
Dergl. mit 24. (1624.)
Dergl. mit 29. (1629.)
Dergl. mit 43. (1643.)
Dergl. mit 44. (1644.)

Ein Sechsling. A.) Der gekrönte zweyköpfigte Reichsadler. CIVITAT. IMPERIAL. R.) Das Stadtwapen auf einem Kreuze und unten die Zahl 96. MONE. NO. LVBE. 45. (1645.) daneben ein Stern Hans Wilms Münzmeisterzeichen.

Dergl. mit 46. (1646.)
Dergl. mit 47. (1647.)
Dergl., mit 48. (1648.)
Dergl. mit 49. (1649.)
Dergl. mit 50. (1650.)
Dergl. mit 54. (1654.)
Dergl. mit 59. (1659.)

Sechslinge. Schillinge.

Ein Sechsling. A.) Der gekrönte Reichsadler. CIVITAT. IMPERIA. R.) Das Stadtwapen auf einem Kreuze und unten die Zahl 96. MONE. NO. LVBE. 1661. nebst einen Arm, mit einem Kleeblatt in der Hand, Matth. Freude Münzmeisterzeichen.

Dergleichen mit 1662.
Dergleichen mit 1664.
Dergleichen mit 1665.
Dergl. mit 66. (1666.)

Ein Sechsling. A.) Der gekrönte zweyköpfigte Reichsadler. CIVITAT. IMPERI. R.) Das Stadtwapen auf einem Kreuze und unten die Zahl 96. MON. NO. LVB. 1669. darneben drey Sterne in einem Zirkel, Lor. Wagners Münzmeisterzeichen.

Dergl. A.) Der gekrönte zweyköpfigte Reichsadler. CIVITAT. IMPERI. R.) Das Stadtwapen auf einem Kreuze und unten die Zahl 96. MONE. NO. LVBE. 75. (1675.) darneben ein geharnischter Arm mit einem Schwert, Hans Ridders Münzmeisterzeichen.

Dergl. mit 76. (1676.)
Dergl. falsche von Messing.

Ein Sechsling. A.) Der gekrönte zweyköpfigte Reichsadler CIVITATIS. IMPERIAL. R.) ist mit den Worten I SECHSLING, mit den Namensbuchstaben J. J. J. (Joh. Just. Jaster) und mit zwey geschränkten Zaynhaken bezeichnet. In der Runde sind die Worte: MONETA. NOVA. LUBEC. 1750. zu lesen.

7. Schillinge.

Ein alter schwerer Schilling von gutem Silber. A.) Der Kaiser auf dem Throne, mit dem Scepter in der rechten und dem Reichsapfel in der linken Hand. MONETA. ✱ LVBICE ✱ R.) Johann der Täufer stehend, mit einem Kreuzstabe in der linken Hand; in einer ovalen Einfassung. Zur Rechten des Hauptes der Reichsadler und unter den Füßen eine Rose S. IOHANIS ✱ BAPTISTA. Die Umschrift in Mönchsbuchstaben. ½ Loth.

> Ist 1375. gepräget S. von Melle Abhandl. 965.S. dessen Nachr. von Lübeck 483. u. f. S.

Dergleichen. von einem andern Stempel, $\frac{5}{16}$ Loth.

Dergleichen von zwey noch andern Stempeln, ¼ Loth.

Ein Schilling von gutem Silber. A.) Der zwey= köpfigte Reichsadler. MONETA. NOVA. LVBICENS. R.) Ein Kreuz. CRVX. FVGAT. OMNE. MALVM ✱. Die Umschrift in alten Buchstaben. $\frac{3}{16}$ Loth.

> von Melle Abhandl. 966. S.

Dergleichen; nur daß in den vier Winkeln des Kreu= zes ein Kügelchen steht.

Ein Schilling von gutem Silber. A.) Der doppelte Adler. MONETA. NOVA. LVBICENS. Nach dem zweyten und dritten Worte steht ein Klee= blatt. R.) Ein Kreuz in dessen vier Winkel eben= falls ein Kleeblatt. CRVX. FVGAT. OMNE. MALVM. Nach dem zweyten und vierten Worte ist auch ein Kleeblatt gesetzt. Die Umschrift in alten Buchsta= ben. $\frac{3}{16}$ Loth.

Dergleichen von gutem Silber. A.) Der doppelte Adler. MONETA. NOVA. LVBICENSIS. ✠. R.) Ein Kreuz, in dessen Mitte das Stadtwapen, mit bogenförmigen Zierathen und mit einem Kleeblatt, in jedem der vier Winkel. CRVX. FVGAT. OMNE. MALVM. ✠. in Mönchsbuchstaben. ⅛ Loth.

> von Melle Abhandl. 966. S. Molan. P. 3. u. 252. p. 773.

Schillinge.

Ein Schilling. A.) Der zweyköpfigte Reichsadler. MONETA. NOVA. LVBICENSIS. ✠. R.) Ein Kreuz, mit bogenförmigen Zierrathen in der Mitte; und mit Kleeblättern in den vier Winkeln. CRVX. FVGAT. OMNE. MALVM. ✠. ⅛ Loth. Umschrift in alten Buchstaben.

Ein Schilling von gutem Silber. A.) Der zweyköpfigte Reichsadler mit dem Stadtwapen auf der Brust. NVMVS. ALBORVM. LVBICEN. ✠. R.) Ein Kreuz in dessen vier Winkeln die Jahrzahl 1702 (1502.) CRVX. FVGAT. OMNE. MALVM. ✠. Die Umschrift in alten Buchstaben. $\frac{1}{15}$ Loth.

    Anmerk. Mit den Worten numus alborum wird ein Silberpfenning angedeutet. In den alten plattdeutsch geführten Münzrechnungsbüchern heißt die Silbermünze in Gegensatz der Goldmünze und des Kupfergeldes immer **Wittenmünte**.

    von Melle Nachr. von Lübeck 484. S.

Ein Schilling, zwischen 1549 und 1554 gepräget. A.) Der Reichsadler. MONETA. NOVA. LVBICENSIS, nebst dem Kopfe eines Thieres, Joach. Tiele Münzmeisterzeichen. R.) Ein Kreuz mit bogenförmigen Zierrathen und mit Kleeblättern in den vier Winkeln, in dessen Mitte das Stadtwapen. CRVX. FVGAT. OMNE. MALVM. nebst demselben Münzmeisterzeichen. ⅛ Loth. (†)

    Wolff Stürmer 96, S. von Melle Abhandl. 966. S.

(†) Ein dergleichen Schilling von gutem Silber. A.) Der gekrönte Reichsadler mit dem Reichsapfel auf der Brust, in dessen untere Hälfte die Zahl 12. (12 Pfenninge.) CAROLI. V. IMP. AVG. P. F. D. R.) Johann der Täufer stehend, der im linken Arm ein Lämmchen auf einem Buche

Ein Schilling. A.) Der gekrönte zweyköpfigte Reichsadler. CIVITAS. IMPERIALIS. R.) Ein Kreuz, in deſſen Mitte das Stadtwapen, mit einer bogenförmigen Einfaſſung und in den vier Winkeln ein Kleeblatt. Unten die Zahl 48; denn ſo viel giengen damals auf einen Thaler. MONE. NOVA. LVBECEN. 620. (1620.) nebſt einer Sonne, Hinr. von der Klähren Münzmeiſterzeichen. $\frac{1}{16}$ Loth.

Dergl. mit 620. (1620.) Der Querſtrich in der Zahl 4 ſteht verkehrt. $\frac{1}{16}$ Loth.

Ein Schilling, zwiſchen 1645 — 1660 geprägt. Av.) Der gekrönte zweyköpfigte Reichsadler. CIUITATIS. IMPERIA. darneben ein Stern, Hans Wilms Münzmeiſterzeichen. R.) Ein Kreuz, in deſſen Mitte das Stadtwapen, mit einer bogenförmigen Einfaſſung und einem Kleeblatt in den Winkeln. Unten die Zahl 48. MONE. NOUA. LUBECEN. $\frac{1}{16}$ Loth.

Dergl. A.) Der gekrönte zweyköpfigte Reichsadler. CIUITATIS. IMPERIAL. und Hans Wilms Münzmeiſterzeichen. R.) Ein Kreuz, in deſſen Mitte das Stadtwapen mit einer bogenförmigen Einfaſſung und einem Kleeblatt in den vier Winkeln. Unten die Zahl 48. MONE. NOUA. LUBICEN. 652. (1652) $\frac{1}{16}$ Loth. *von Melle Abhandl. 967. S.*

Dergl. 52. (1652)
von Melle ebendaſ.

Dergl.

Buche hält. Unter ſeinen Füßen ſteht das Stadtwapen, in einem bogenförmigen Kranz. Bey dem Haupte, in der Umſchrift, ſteht zur Rechten des Bürgermeiſters Gotthard von Hovelen und zur Linken des Bürgermeiſters Anton von Stiten Abzeichen. Unten zur Rechten J. Tiele Münzmeiſterzeichen. MONE. NO. LVBICEN $\frac{1}{4\frac{1}{2}}$ Loth. *von Melle Abhandl. 967. S.*

Schillinge.

Dergl. A.) Der gekrönte zweyköpfigte Reichsadler. CIUITATIS. IMPERIAL. Darneben ein Arm, in dessen Hand ein Kleeblatt, Matthias Freude Münzmeisterzeichen. R.) Ein Kreuz u. s. w. MONE. NOUA. LUBEC. 1662. $\frac{1}{16}$ Loth.

Dergl. A.) Der gekrönte doppelte Adler. CIVITATIS. IMPERIAL. R.) Ein Kreuz u. s. w. MONETA. NOVA. LVBEC. 1667. Darneben drey Sterne in einem Zirkel, Lorenz Wagners Münzmeisterzeichen. $\frac{1}{16}$ Loth.

Dergl. 1668.
   von Melle Abhandl. 967. S.

Dergl. 1669.

Dergl. 1670.
   von Melle ebendas.

Dergl. 1671.
   von Melle ebendas.

Ein Schilling. A.) Der gekrönte zweyköpfigte Adler, mit dem Stadtwapen auf der Brust. CIVITATIS. IMPERIAL. R.)*I* SCHILLING JJJ (Jo. Just. Jaster) mit zwey geschränkten Zaynhaken; in vier Reihen. MONETA. NOVA. LUBEC. 1727. $\frac{1}{16}$ Loth.
   von Melle Nachr. von Lübeck 436. S.

Dergl. 1728.
   von Melle Abhandl. 968. S.

Dergl. 1729.

Dergl. 1733.

Dergl. 1758.

Ein Schilling. A.) Der gekrönte Reichsadler, in dessen Mitte das weiß und roth getheilte Stadtwapen, ohne Umschrift. Rev.) oIo SCHILLING LUBISCH. 1789. H. D. F. (Hermann Daniel Friderichsen) in 4 Reihen.

II. Courantgeld.
1. Doppelschillinge.

Ein Doppelschilling von gutem Silber. A.) Ein durch die Umschrift gehendes Kreuz, in dessen Mitte ein Schild mit dem zweyköpfigten Reichsadler. CRVX. FVGAT. OMNE MALV'. R.) Die Wapen der Städte Hamburg, Lüneburg und Wismar, ins Dreyeck gestellet und in der Mitte eine Rose. MONE. NOVA. LVBIC. Die Umschrift in alten Buchstaben ¼ Loth.

> von Melle zählet diese Stücke unter die Dütchen. Wir können aber aus den uns zu Händen gekommenen Urkunden, wie auch aus dem Fragment der Lübeckischen Münzchronik für gewiß versichern, daß damals noch keine Dütchen im Gebrauch gewesen sind.

S. von Melle Abhandl. 970. u. f. S. dessen Nachr. von Lübeck 34. Anmerk. 487. S. (†) (††)

Ein Doppelschilling von gutem Silber. A.) Ein Lilienkreuz mit einer runden Scheibe, in deren Mitte der

---

(†) *Ein Doppelschilling von gutem Silber. A.) Die Wapen von Lübeck, Lüneburg und Wismar im Dreyeck und dazwischen eine Rose. 'MONE'. NOVA. HAMB'. Rev.) Das Hamburger Wapen, dahinter ein Kreuz. CRVX ✠ FVGAT. OMNE. MALVM. Die Umschriften bestehen aus Mönchsschrift.

> Ist ein sehr rares vom Langermann im Hamb. Münzvergnügen nicht angeführtes Stück. ¼ Loth.

von Madai Thalercabinet 2 Th. n. 4909.

(††) *Ein Doppelschilling von gutem Silber. A.) Die Wapen der Städte Lübeck, Hamburg und Wismar, ins Dreyeck gestellt und in der Mitte eine Rose. MONE. NOVA. LVNE'. R.) Ein durch die Umschrift gehendes Kreuz, worauf das Stadtwapen CRVX ○ ALMA ○ NRA ○ SALVS. In Mönchsbuchstaben. ¼ Loth.

Doppelschillinge.

der zweyköpfigte Reichsadler zu sehen. CRVX.
FVGAT. OMNE. MALV. R.) Der heil. Johannes
mit dem Lämmchen zur Linken und dem Stadtwapen
unten MONETA. NOVA. LVBICEN. In Mönchs=
buchstaben. ¼ Loth.
 von Melle Abhandl. 970. u. f. S.

Dergleichen von gutem Silber. A.) Maria Magda=
lena mit einem Gefäß zum Salben in der Rechten.
MARIA. OPTIM. am PART. em ELEG. it. R.) Ein
Schild mit dem Reichsadler. MONETA. NOVA.
LVBICENSIS. 1702. (1502.) ✠. In Mönchsbuch=
staben. 4¼ Grän.
 von Melle Abhandl. 966. S. dessen Nachr. von Lübeck
 486. S.

Ein Doppelschilling. A.) Der heilige Johannes mit
dem Lämmchen; unten das Stadtwapen. MONETA.
1522 LVBICN. R.) Ein Lilienkreuz, in dessen Mitte
der Reichsadler im Schilde. CRVX. FVGAT. OMNE.
MALV. In Mönchsbuchstaben. ¼ Loth.
 Stürmer 93. S. von Melle Abhandl. 971. S. Molan.
 P. 3. n. 249. p. 772.

Ein Doppelschilling. A.) Der heilige Johannes
mit dem Lämmchen. Unten das Stadtwapen und
zu beyden Seiten ein Blatt, Jürgen Bockholts
Münzmeisterzeichen. MONET. 1522. LVBICN. R.)
Ein Lilienkreuz, worinn der doppelte Adler im Schilde.
CRVX. FVGAT. OMNE. MALV. ¼ Loth.
 von Melle Abhandl. 971 S.

Dergl. A.) Der heil. Johannes mit dem Lämmchen.
Unten das Stadtwapen und an beyden Seiten eine
Lilie. MONETA. 1522. LVBICN. R.) Ein Lilien=
kreuz, auf dessen Mitte ein Schild mit dem Reichs=
Adler. CRVX. FVGAT. OMNE. MALV. ¼ Loth.
 von Melle ebendas. 971. S.

Dergl. A.) Johann der Täufer mit dem Lämmchen; unten das Stadtwapen und an den Seiten der Kopf eines Thieres, Joachim Tiele Münzmeisterzeichen. MONET. 1550. LVBICE. R.) Ein Lilienkreuz, in dessen Mitte das Schild mit dem Adler. CRVX. FVGAT. OMNE. MALV. ¼ Loth.

Dergl. A.) Johann der Täufer mit dem Lämmchen; vor seinen Füßen das Stadtwapen und an den Seiten Tielens Münzmeisterzeichen. MONET. 1554. LVBIC. und Bürgermeist. Anton von Stiten Abzeichen. R.) Ein Lilienkreuz, in dessen Mitte das Schild mit dem Reichsadler. CRVX. FVGAT. OMNE. MALV. Das N auf dem Rev. steht verkehrt.
von Melle Abhandl. 971. S. *Molan.* P. 3. u. 250. p. 773.

Dergl. A.) Johann der Täufer, mit dem Lämmchen und unten das Stadtwapen. Darneben zu beyden Seiten des Bürgermeisters Anton von Stiten Abzeichen. MONET. 1554. LVBICE. Bey der Zahl 4 steht des Münzmeisters Tiele Abzeichen. R.) Ein Lilienkreuz mit einer runden Scheibe, darinn ein Schild mit dem zweyköpfigten Reichsadler. CRVX. FVGAT. OMNE. MALV. Die N stehen abermal alle verkehrt. ¼ Loth.
von Melle Abhandl. 971. S.

Dergl. A.) Johann der Täufer mit dem Lämmchen, unten das Stadtwapen, und zu beyden Seiten Bürgermeist. Anton von Stiten Abzeichen, zwischen welchen die Zahl 63 (1563.) getheilt zu sehen. MONE. NOV. LVBECEN. A.) Ein Kreuz, worauf der zweyköpfigte Reichsadler in einem Schilde. CRVX. FVGAT. OMNE. MALV. Daneben ein Vögelchen, J. Dalemanns Münzmeisterzeichen. $\frac{3}{16}$ Lt.
Stürmer p. 94. von Melle Abhandl. 971. S. *Molan.* P. 3. n. 251. p. 773.

Dergl.

Doppelschillinge.

Dergl. A.) Johann der Täufer mit dem Lämmchen unten das Stadtwapen: daneben an beyden Seiten des Bürgermeisters **Ambrosii Meyers** Abzeichen mit der getheilten Zahl 63. (1563.) MONE. NOV. LVBECEN. R.) Ein Kreuz, worauf der zweyköpfigte Reichsadler im Schilde, CRVX. FVGAT. OMNE. MALV. $\frac{7}{32}$ Loth.

von Melle Abhandl. 971. S. (†)

Ein Doppelschilling. A.) Das Bildniß Johannis des Täufers über dem weiß und rothen Schilde. MONETA. LVBECEN. Neben dem Wapen steht die Jahrzahl 1619 und 2 Thürme, als das Stammwapen des damaligen ältesten Bürgermeisters **Alex. Lüneburgs.** R.) Das Lübeckische und Hamburgische Wapen, eines neben dem andern, mit der Umschrift: DOMINE. SERVA. NO6. Ueber den beyden Wapen liest man (DALER) A 20. STVC in drey Reihen. Unten aber steht 24 ß um den Werth dieser Münze zu erkennen zu geben. $\frac{3}{16}$ Loth.

von Melle Abhandl. 968. u. f. S. dessen Nachricht von Lübeck 487. u. f. S.

*** Ein Doppelschilling.** A.) Der gekrönte zweyköpfigte Reichsadler mit dem Reichapfel auf der Brust. MATT: D: G: R: IM: SE: AVG: (Matthias Dei

---

(†) Ein Doppelschilling. A.) Das weiß und roth getheilte Stadtwapen. MONETA. NOVA. LVBECENSIS. R.) Der Reichsapfel, über welchen die verkürzte Jahrzahl 72 (1572.) zu sehen ist, nebst den abgekürzten Worten: MAX. IMP. AV. P. F. D. (Maximiliani Imperatoris Augusti Publicari Fecit Decreto) DVPEL SCHILI (Doppelschilling) In dem Reichsapfel steht die Ziffer 16. Denn so viele betrugen damals einen Reichsthaler. $\frac{11}{14}$ Loth.

von Melle Abhandl. 968. S. dessen Nachr. von Lübeck 487. S.

Doppelschillinge.

Dei gratia Romanorum Imperator Semper Augustus) R.) Das Lübeckische und Hamburgische Wapen, eines neben dem andern. MONETA. HAMBVRGENSIS. 1619. Inwendig steht über den Wapen A. 20. STVC und unter denselben 24 ß. weil von diesen doppelten Schillingen, deren einer 24 ß wehrt, 20 Stücke auf einen Thaler zu 40 ß giengen. $\frac{3}{16}$ Loth.

> S. Langermanns Hamb. Münz- und Medaillen-Vergnügen 52 St. n. 5. 411. S.

Ein Doppelschilling. A.) Der doppelte Adler auf einem Kreuze und auf der Brust das Stadtwapen. Unten steht Bürgermeist. Christ. Gerdes Abzeichen. CIVITATIS. IMPERIAL. nebst der Sonne, Hin r. von der Klähren Münzmeisterzeichen. Rev.) 24. REICHSDALER 1644. in vier Reihen. Umschr. LVBECHS. STADT. GELDT. $\frac{1}{8}$ Loth.

> von Melle Abhandl. 969. S. dessen Nachr. v. Lübeck 488. S.

Dergl. von 1645. nur das auf dem Revers Statt LVBECHS, LVBECKS steht.

Dergl. 1646.

Dergl. 1647.

Dergl. 1648.

Dergl. 1649.

Dergl. 1650.

Dergl. 1651. Auf diesem und den folgenden steht wiederum: LVBECHS

Dergl. 1652.

Dergl. 1653.

Dergl. 1654.

Dergl. 1655. mit einem Stern, Hans Wilms Münzmeisterzeichen.

Dergl.

Doppelschillinge.

Dergl. 1656.
Dergl. 1657.
Dergl. 1658.
Dergl. 1659.
Dergl. 1659. falsche.
Dergl. 1659. worauf die 5 verkehrt steht.
Dergl. 1660.
   von Melle Abhandl. 969. S.
Dergl. mit Bürgermeist. **Hermann von Dorne** Abzeichen. ⅛ Loth.
Ein Doppelschilling. A.) Der gekrönte zweyköpfigte Reichsadler. Unten des Bürgermeisters **Gotthard von Hövelen** Abzeichen. CIVITAT. IMPERIA. Rev.) 24. REICHS DALER. 1665. Umschrift: LVBECHS. STADT. GELDT. darneben ein Arm, mit einem Kleeblatt iu der Hand, Matth. F r e u d e Münzmeisterzeichen. ⅛ Loth.
Dergl. 1666.
Dergl. 1667.
Ein Doppelschilling. A.) Der gekrönte doppelte Adler. Unten des Bürgermeisters **Joh. Ritters** Wapen. CIVITAT. IMPERIALIS. daneben ein geharnischter Arm mit einem Schwert, H. R i d d e r s Münzmeisterzeichen. R.) 24. REICHSDALER 1692 Umschrift: LVBECKS. STADT. GELDT. ⅛ Loth.
Dergl. 1693.
Dergl. 1696.
Dergl. 1700.
   von Melle Abhandl. 970. S.
Dergl. 1701. mit des Bürgermeisters **Ant. Winklers** Wapen. ⅛ Loth.
Dergl. 1702.
Dergl. 1703.

Dergl. 1705.
Dergl. 1707. mit des Bürgermeist. **Joh. Westken** Wapen. ⅛ Loth.
Dergl. 1709.
Dergl. 1710.
Dergl. 1712.
Dergl. 1714.
Dergl. 1714 mit des Bürgermeisters **Thomas von Wickede** Wapen. ⅛ Loth.
Dergl. 1715.   von Melle Abhandl. 970. S.
Ein Doppelschilling. A.) Der gekrönte zweyköpfigte Reichsadler mit der Zahl 2 auf der Brust. CIVITATIS. IMPERIALIS. Unten zwischen 2 Sterne stehen die Buchstaben J. J. J. mit zwey geschränkten Zaynhaken. R.) Das weiß und roth getheilte Stadtwapen. Oben drüber zwischen zwey Palmzweigen 2 SCHILLING. Umschrift: LUBECKS. COURANT. GELDT. 1727. ⅛ Loth.
Ein Doppelschilling. A.) Der gekrönte zweyköpfigte Adler mit der Zahl 2 auf der Brust. MON. NOVA. IMP. CIVITAT. LUBECÆ. Rev.) Das Stadtwapen und oben drüber zwischen zwey Palmzweigen 2 SCHILLING. Unten JJJ mit den beyden geschränkten Zaynhaken. Umschrift: COURANT. GELDT. 1758. ⅛ Loth.
Von Melle Nachr. von Lübeck 488. u. f. S.

2. Dütchen.

Ein Dütchen. A.) Der zweyköpfigte Reichsadler auf einem Kreuz, nebst dem Stadtwapen auf der Brust CIVITATIS. IMPERIALIS. mit einer Sonne, Hinr. von der Klähren Münzmeisterzeichen. R.) 16. REICHS DALER. 1623 Umschr. LVBECHS. STADT. GELDT. 3/16 Loth.

Dergl.

Dütchen.

Dergl. 1624.
Dergl. falsche von diesem Jahre.
Dergl. 1629.
>von Melle Abhandl. 971. S.

Ein Dütchen. A.) Der zweyköpfigte Reichsadler auf einem Kreuz und auf der Brust das Stadtwapen. Unten des Bürgermeisters **Christ. Gerdes** Wapen. CIVITATIS. IMPERIALIS. nebst H. v. d. Klähren Münzmeisterzeichen. R.) 16.REICHS DALER. 1642. Umschrift: LVBECHS. STADT. GELDT. $\frac{3}{16}$ Loth.

Dergl. 1643.
Dergl. 1644.
>von Melle Abhandl. 971. S.

Dergleichen 1645. mit einem Stern **Hans Wilms** Münzmeisterzeichen. $\frac{3}{16}$ Loth.

Dergl. 1646.
Dergl. 1647.
Dergl. 1648.
Dergl. 1651.
Dergl. 1659. Statt LVBECHS steht LVBECKS.
>von Melle ebendas. 971. S.

Dergl. 1660.
>*Molan.* P. 3. n. 254. p. 773.

Ein Dütchen. A.) Der gekrönte zweyköpfigte Reichs- adler auf einem Kreuz und auf der Brust das Stadt- wapen. Unten des Bürgermeisters **Hermann von Dorne** Wapen. CIVITATIS. IMPERIAL. daneben ein Arm, mit einem Kleeblatt in der Hand, Matth. Freude Münzmeisterzeichen. R.) 16. REICHS DALER. 1662. Umschrift: LVBECHS. STADT. GELDT. $\frac{3}{16}$ Loth.

>Von diesen Dütchen sind 200 Mark löthig verfertiget und deren 75 Stück auf die Mark gegangen. von Melle Anmerkung zu der von dieser Münze eigenhändig abge- nommenen Zeichnung.

Dergleichen. A.) Der Reichsadler auf einem Kreuze und auf der Brust das Stadtwapen. CIVITATIS. IMPERIALIS. R.) 16. REICHS DALER. 1667. Umschrift: LVBECHS. STADT. GELDT. darneben *** Lorenz Wagners Münzmeisterzeichen. $\frac{3}{16}$ Loth. (†)

Dergl. 1670.

Dergl. von eben diesem Jahre mit Bürgermeisters Matthaei Rodde Wapen. $\frac{3}{16}$ Loth.

Dergl. von 1671. mit Bürgermeisters David Gloxins Wapen. $\frac{3}{16}$ Loth.

Dergleichen von selbigem Jahren mit Bürgermeisters Matthaei Rodde Wapen. $\frac{3}{16}$ Loth.

Dergl. 1672.

Dergl. 1673.

Ein Dütchen. A.) Der doppelte Adler auf einem Kreuze und auf der Brust das Stadtwapen. Unten das Wapen des Bürgermeisters Johann Ritters CIVITATIS. IMPERIALIS. nebst dem geharnischten Arm mit einem Schwert, Hans Ridders Münzmeisterzeichen. R.) 16. REICHS DALER. 1683. Umschrift: LUBECKS. STADT. GELDT. wiegt $\frac{3}{16}$ Loth.

 von Melle Abhandl. 971. u. f. S.

Anmerk. Im Jahr 1673, 21. Mai kam zu Hamburg ein Mandat heraus, worinn alle Dütchen mit dieser Aufschrift zu $2\frac{1}{4}$ ßl. herabgesetzt wurden. Seit 1683 sind keine mehr gepräget worden.

3. Vier-

(†) Dergl. von 1669. mit Bürgermeister Dav. Gloxins Wapen. $\frac{3}{16}$ Loth.

3. Vierschillinge.

Ein Vierschillingsstück von gutem Silber. A.) Der zweyköpfigte Reichsadler. QVADRANS. MARCE. LVBICEN. 1506. R.) Die Wapen der Städte Hamburg, Lüneburg und Wismar im Dreyeck, mit dem Lübeckischen Stadtwapen in der Mitte. MONE, NOVA. LVBI. Die Umschriften in Mönchsbuchstaben. $\frac{5}{16}$ Loth.
<small>Der seel. von Melle hat sie unter die Achtschillingsstücke gesetzt, s. Abhandl. 973. S. In dem 49sten St. des Hamb. Münz-und Medaillen Vergnügen findet man einen in Kupfer gestochenen Abdruck, s. die 385—387. S.</small>

* Ein Dergleichen von gutem Silber. A.) Die gekrönte Maria mit einem Schein um den Kopf und dem Kinde auf dem linken Arm, hinter welcher viele Strahlen hervorschiessen, in einer ovalen Einfassung. Zu deren Füßen das Hamburger Wapen, als das Kennzeichen, daß diese Münze in Hamburg ausgepräget worden. MONETA NOV' HAMBVRGEN'. R.) Die Wapen der Städte Lübeck, Lüneburg und Wismar ins Dreyeck gestellt. In der Mitte die Jahrzahl 1506. QVARD' MARCE LVBEC'. Die Umschriften in Mönchsbuchstaben $\frac{5}{16}$ Loth.

* Dergl. von selbigen Jahr und nämlichen Gewicht.
<small>Auch hievon findet man einen Abdruck in dem Hamb. M. u. M. Vergnügen 48. St. n. 3. 377—379. S.</small>

* **Ein Vierschillingsstück.** A.) Das Wapen der Stadt Lüneburg. QVADRANS. MARCE. LVBICEN.' 1506. ✠ R.) Die Wapen der Städte Lübeck, Hamburg und Wismar ins Dreyeck gestellt und in der Mitte der Lüneburgische Löwe. ○ MONE' ○ NOVA° °LVNE' Die Umschriften in Mönchsbuchstaben. $\frac{5}{16}$ Loth.
<small>(Albert Balemanns) Thalersammlung Hamb. 1777. n. 3617. 289. S.</small>

Ein

Vierschillingsstücke.

Ein Vierschillingstück. A.) Der zweyköpfigte Reichsadler. MONETA. NOVA. LVBICN. 1549. darneben der Kopf eines Thieres, Joach. Tiele Münzmeisterzeichen. R.) Die Wapen der Städte Hamburg, Lüneburg und Wismar ins Dreyeck gestellet und in der Mitte das Lübeckische Wapen. STATVS. MARCE. LVBICN. 1549. nebst dem Thierkopf. $\frac{5}{16}$ Loth.

Dergl. von 1549. Auf dem Revers ist das N verkehrt gestochen.

<small>Die Abbildung in Langermanns Hamb. Münz- und Medaillen Vergnügen 50. St. n. 1. 393. u. f. S.</small>

* Dergl. A.) Das Wismarsche Stadtwapen auf einem Kreuze. MONETA. NOVA. WISMAR. 1550. darneben ein Vogel. R.) Die Wapen der Städte Lübeck, Hamburg und Lüneburg, ins Dreyeck gestellt und in der Mitte das kleine Wismarsche Wapen. STATVS. MARCE · LVBICN · $\frac{5}{16}$ Loth.   Die N stehen alle verkehrt.

<small>Abbildung in Langermanns Hamb. M. u. M. Vergnügen 52. St. n. 2. 409. u. f. S.</small>

Ein Vierschillingstück. A.) Der gekrönte zweyköpfigte Reichsadler und unten des Bürgermeisters **Joh. Westken** Wapen. CIVITAT. IMPERIALIS. R.) Das Lübeckische Stadtwapen und oben drüber zwischen zwey Palmzweigen 4 SCHILLING. An den Seiten die Jahrzahl 1711. Umschrift: LUBECKS. STADT. GELDT. Darneben ein geharnischter Arm mit einem Schwert, Hans Ridders Münzmeisterzeichen.   ¼ Loth.

<small>von Melle Abhandl. 972. S.</small>

Dergl. A.) Der gekrönte zweyköpfigte Reichsadler und auf der Brust die Zahl 4. Unten J J J mit den beyden

beyden geschränkten Zaynhaken. CIVITATIS IMPERIALIS. R.) Das Stadtwapen und oben drüber zwischen zwey Palmzweigen 4 SCHILLING. Umschrift: LUBECKS COURANT GELDT. 1727. ¼ Loth.

Dergl. von 1728.
   von Melle Abhandl. 972. S.

Dergl. von 1728. falsche.

Dergl. von 1729.

Ein Vierschillingsstück. A.) Der gekrönte doppelte Reichsadler mit 4 auf der Brust. MON. NOVA. IMP. CIVITAT. LVBECÆ. R.) Das Stadtwapen und oben drüber zwischen zwey Palmzweigen 4 SCHILLING. Unten J. J. J. Umschrift COURANT. GELDT. 1732. ¼ Loth.

Dergl. von 1752.

Dergl. A.) Der gekrönte zweyköpfigte Reichsadler, mit 4 auf der Brust und unten JJJ. CIVITATIS. IMPERIALIS. R.) Das Stadtwapen und oben drüber zwischen zwey Palmzweigen 4 SCHILLING. Darunter J J J. Umschrift: COURANT. GELDT. 1758. ¼ Loth.

4. Drittelmarkstücke.

Ein Drittelmark. A.) Der zweyköpfigte Adler, als der Stadt Lübeck reichsstädtisches Wapen, in einem Schilde, so auf einem Kreuze lieget, mit der Umschrift in Mönchsbuchstaben: MONETA: NOVA: LVBICENSIS. 1702 (1502) R.) Die drey Wapen der Städte Hamburg, Lüneburg und Wißmar in einem Dreyeck, in dessen Mitte der eigentliche Lübeckische

64 Drittelmarkstücke. Achtschillingstücke.

ckische Stadtwapen-Schild. Umschrift: TERNARIVS⚜ MARCE. LVBICENSIS. ✠. ½ Loth.

<small>S. von Melle Abhandl. 974. S. Langermanns Hamb. M. u. M. Vergnügen 49. St. n. 1. 386. S. v. Madai Thaler=Cabinet 2. Fortf. n. 5951. 165. S. von Melle Nachr. von Lübeck 491. S. (Albert Balemanns) Thalersammlung Hamb. 1777. n. 3567. 286. S.</small>

* Dergl. A.) Das Wapen der Stadt Hamburg auf einem Kreuze mit der Umschrift in Mönchsbuchstaben: TERNARIVS: MARCE: HAMBVRG'. 1707. (1505) ✠ Rev.) Die Wapen der Stadt Lübeck, Lüneburg und Wismar im Dreyeck und zwischen denselben das Nesselblatt nebst den drey Nägeln. Umschrift: SVPER TRIA : PONIM' ⚜ OMNE-PERFECTV'. ½ Loth.

<small>Dieses überaus rare Stück hat Langermann im Hamb. Münz= und Medaillen Vergnügen nicht angeführt. S. v. Madai Thaler=Cabinet 2. Fortsetz. n. 5939. 161. S.</small>

* Dergl. A.) Der Stadt Lüneburg Wapenschild, auf einem Kreuze ruhend, mit der Umschrift in alten Buchstaben: MONETA. NOVA. LVNEBVRG'. 1702 (1502) ✠ R.) Die drey Wapen der Städte Lübeck, Hamburg und Lüneburg, im Dreyeck und in der Mitte der Lüneburger Löwe. Umschr. TERNARIVS: MARCE : LVNEBVRG' ✠ ½ Loth.

<small>Steht abgebildet und beschrieben in Langermanns Hamb. Münz= und Medaillen Vergnügen 50. St. n 2. 393. u. f. S. Albert Balemanns Thalersammlung, n. 3615 289. S.</small>

5. Achtschillingstücke.

Ein Achtschillingstück. A.) Der mit einem Schein um den Kopf umgebene und in einer ovalen Einfassung eingeschlossene heilige Johannes der Täufer, wie er auf einem Buche ein Lamm im linken Arm trägt

Achtschillingstücke.

trägt und das Lübeckische Stadtwapen zu seinen Füßen hat, mit der Umschrift in alten Buchstaben: oSANCTo IOH'. o NES'o BAPTISo R.) Die Wapen der drey Städte Hamburg, Lüneburg und Wismar im Dreyeck, in dessen Mitte das Lübeckische Stadtwapen und zwischen jedem Schilde ein Herz. SEMIS: MARCE: LVBICENSIS 1506. ✝ ⅝ Loth.

> Die Abbildung steht im Langermanns Hamb. Münz u. Medaillen Vergnügen 49. St. n. 2. 385. u. f. S. von Melle Abhandl. 975. S. dessen Nachr. v. Lübeck 491. S. von Madai Thaler-Cabinet 2. Fortsetz. n. 5952. 165. u. f. S.

* Dergl. A.) Die gekrönte Maria, ohne Schein um den Kopf und dem Kinde auf dem linken Arm, hinter welcher viele Strahlen hervorschießen, in einer ovalen Einfassung. Zu deren Füßen das Hamburger Wapen. Die Umschrift in alten Buchstaben: MONETA. NOVA. HAMBVRGEN✱ Rev.) Die Wapen der Städte Lübeck, Lüneburg und Wismar in einem Dreyeck und in der Mitte 1706 (1506.) Umschrift: SEMISo oMARCEoLVB'CEo ⅝ Loth.

* Dergl. A.) Die gekrönte Maria mit einem Schein um den Kopf und dem Kinde auf dem linken Arm, hinter welcher viele Strahlen hervorschießen, in einer ovalen Einfassung. Zu deren Füßen das Hamburger Wapen. Die Umschrift in Mönchsbuchstaben: MONETA NOV' HAMBVRGEN'. R.) Die Wapen der Städte Lübeck, Lüneburg und Wismar im Dreyeck gestellt, in dessen Mitte ein kleines Schild mit einem Nesselblatt. Umschrift: SEMIS. MARCE. LVBICENSIS 1706 (1506.) ✝ ⅝ Loth.

> Steht abgebildet in Langermanns Hamb. Münz- und Medaillen Vergnügen, 48. St. n. 2. 377-379. S.

Achtschillingstücke.

* Dergleichen. Av.) Johann der Täufer stehend, mit dem Lämmchen auf dem Buche im linken Arm. Zu seinen Füßen der Lüneburgische Löwe in einem Schilde. Umschrift in alten Buchstaben: °S'° IOS∘ BABTI∘ LVNEBVRG∘ R.) Die Wapen der Städte Lübeck, Hamburg und Wismar, in deren Mitte der Lüneburger Löwe. Umschrift: SEMIS: MARCE: LVBICENSIS 1°06 (1506) ✝. ⅝ Loth.

* Dergl. A.) Das Wapen der Stadt Lüneburg: MONETA ✲ NOVA ✲ LVNEBORGENS ✲ und ein Schwaan. R.) Die Wapen der Städte Lübeck, Lüneburg (nicht Hamburg) und Wismar im Dreyeck, in deren Mitte der Lüneburgische Löwe. Oben zwischen den Wapen der Stadt Lüneburg und Wismar 46. (1546.) Umschr. SEMIS ✲ MARCE ✲ LVBICE✲ ⅝ Loth.

* Dergl. A.) Das Wapen der Stadt Lüneburg. MONETA· NOVA· LVNEBVRG· 1546. darneben ein Schwaan. R.) Die Wapen der Städte Lübeck, Hamburg und Wismar, im Dreyeck gestellt und in der Mitte der Lüneburgische Löwe. STATVS· MARCE· LVBICENSIS ✲ 1546. und abermal ein Schwaan. ⅝ Loth.

Dergl. A.) Johann der Täufer stehend mit dem Lämmchen auf dem Buche, im linken Arm. Zu seinen Füßen das Stadtwapen in einer ovalen Einfassung. ∘SANCT'∘ IOH ∘∘ NES ∘BAPTIS∘ R.) Die Wapen der Städte Hamburg, Lüneburg und Wismar. In der Mitte das Lübeckische Wapen. SEMIS ∘ MARCE ∘ LVBICENSIS 1549. nebst dem Kopfe eines Thieres, Joach. Tiele Münzmeisterzeichen. ⅝ Loth. von Melle Abhandl. 975. S. Joh. Dav. Köhlers historische Münz-Belustigungen II. Th. 209—216. S.

Dergl.

Dergl. A.) Johann der Täufer stehend, in einer ovalen Einfassung und unter seinen Füßen das Lübeckische Stadtwapen. SANCT? IOH o o NES o BAPTIS o **R.)** Die Wapen der Städte Hamburg, Lüneburg und Wismar, in deren Mitte das Lübeckische Wapen. STATVS o MARCE o LVBIC N o 1549. nebst Joach. Tielens Münzmeisterzeichen. ⅝ Loth.

    S. von Melle Abhandl. 975. S. *Molan.* P. 3. n. 246. p. 1771. Die Abbildung ist in Langermanns Hamb. M. u. M. Vergnügen zu finden 49. St. n, 5. 385. u. f. S. v. Madai Thaler-Cabinet 3. Fortf. u. 7189. 412. u. f. S.

Dergl. von eben diesem Jahre. Das N auf dem Revers steht verkehrt.

* **Dergl. A.)** Das Wapen der Stadt Wismar, welches auf einem Kreuze ruhet. MONETA. NOVA. WISMARIENSIS. Darneben ein Vogel. **R.)** Die Wapen der Städte Lübeck, Hamburg und Lüneburg, in deren Mitte der Wismarsche Rathswapen-Schild. STATVS. MARCE. LVBICENSIS. 1550. Darneben abermal ein Vogel. ⅝ Loth.

    Steht abgebildet in Langermanns Hamb. Münz- und Medaillen-Vergnügen 52 St. n. 1. 409. u. f. S.

***Dergl.** von 1550. worauf die N alle verkehrt stehen.

Ein Achtschillingstück. A.) Der gekrönte zweyköpfigte Reichsadler mit der Zahl 8 auf der Brust und unten JJJ mit den beyden geschränkten Zaynhaken CIVITATIS. IMPERIALIS. **R.)** Das Stadtwapen und oben drüber 8 SCHILLING. zwischen zwey Palmzweigen. Umschr. LVBECKS. COURANT. GELDT. 1727.

    von Melle Abhandl. 974. S. dessen Nachr. v. Lübeck 492. S.

Dergl. 1728.

Dergl. 1728. falsche.
Dergl. 1729.
Dergl. 1729. falsche.
Dergl. 1730.
Dergl. 1730. falsche.
Dergl. A.) Der gekrönte doppelte Adler mit der Zahl 8 auf der Brust. MON. NOVA. IMP. CIVITAT. LVBECÆ. R.) Das Stadtwapen und oben drüber 8 SCHILLING zwischen zwey Palmzweigen. Unten stehen JJJ mit den beyden geschränkten Zaynhaken Umschr. COURANT. GELDT. 1731. ⅜ Loth.
    von Melle Nachr. von Lübeck 492. S.
Dergl. 1731. falsche.
Dergl. 1732.
    von Melle Abhandl. 974. S.
Dergl. 1732. falsche.
Dergl. 1733.
Dergl. 1734.
Dergl. 1734. falsche.
Dergl. 1738.
Dergl. 1741.
Dergl. 1747.
Dergl. 1747. falsche.
Dergl. 1749. das Stadtwapen mit Palmzweigen besteckt
Dergl. 1749. falsche.
Dergl. 1752.
Dergl. 1752. falsche.
Dergl. A.) Der gekrönte zweyköpfigte Reichsadler mit der Zahl 8 auf der Brust und unten JJJ nebst den geschränkten Zaynhaken. CIVITATIS. IMPERIALIS. R.) Das Stadtwapen mit Palm- und Lorbeerzweigen umgeben und oben drüber zwischen 2 Palmzweigen, 8 SCHILLING. Umschr. LUBECKS. COURANT. GELDT. 1758. ⅜ Loth.

                              Dergl.

Achtschillingstücke. Markstücke. 69

Dergleichen. A.) Der gekrönte zweyköpfigte Adler, mit der Zahl 8 auf der Brust und unten des Münzmeisters Namensbuchstaben, nebst den Zaynhaken. CIVITATIS. IMPERIALIS. R.) Das Stadtwapen und oben drüber zwischen zwey Palmzweigen, 8 SCHILLING. Umschr: COURANT. GELDT. 1758 Unten die Buchstaben und Zaynhaken. Wiegt ⅔ Loth.

6. Markstücke.

Ein Markstück. A.) Der zweyköpfigte Reichsadler mit der Umschrift in alten Buchstaben: MONETA o NOVA o LVBICENSIS 1506. ✠ R.) Die Wapen der Städte Hamburg, Lüneburg und Wismar im Dreyeck mit dem Stadtwapen in der Mitte und zwischen jedem Schild ein Herz. Umschrift: STATVS o MARCE o LVBICENSIS ⁚ 1506! ✠ 1⅔ Lt.
(Albert Balemanns) Thalersammlung Hamb. 1777. n. 3568. 286. S.

* **Ein Markstück.** A.) Die gekrönte Maria mit einem Schein um den Kopf und dem Kinde auf dem linken Arm, hinter welcher viele Strahlen hervorschiessen, in einer ovalen Einfassung. Zu deren Füßen das Hamburger Wapen, als das Kennzeichen, daß diese Münze in Hamburg ausgepräget worden. MONETA NOV? HAMBVRGEN. R.) Die Wapen der Städte Lübeck, Lüneburg und Wismar in einem Dreyeck, in dessen Mitte die Jahrzahl 1706 (1506.) Umschrift: STATVS· MARCE✶LVB'CE· 1⅗ Loth.
Die Abbildung steht in Langermanns Hamb. Münz- und Medaillen Vergnügen 48. St. n. I. 377—379. S.

* **Dergl.** A.) Die gekrönte Maria ohne Schein um den Kopf, in einer ovalen Einfassung, von Feuerflam-

flammen umgeben, das Kind Jesus auf dem linken Arm und den Hamburgischen Wapenschild zum Füßen. Umschrift mit alten Buchstaben: MONETA NOVA* HAMBVRGEN'*   R.) Die Wapen der Städte Lübeck, Lüneburg und Wismar, in deren Mitte die alte Jahrzahl 1706 (1506) Umschrift: STATVS MARCE, LVB'CE. 1⅜ Loth.

<small>Die Abbildung steht beym Langermann 70. St. n. 3. 553—55. S.</small>

* Dergleichen.   Av.) Die gekrönte und mit einem Schein um den Kopf, wie auch mit Strahlen umgebene Maria über dem Hamburgischen Wapenschild. Umschrift in Mönchsbuchstaben: MONETA NOVA HAMBVRGEN'.   Rev.) Die bereits angeführten drey Wapen mit der Jahrzahl 1506. in der Mitten.   Umschr. STATVS MARCE LVBICENSIS zwischen jedem Wort eine Blume und zuletzt ein Kreuz. 1⅜ Loth.

<small>Die Abbildung steht beym Langermann 70. St. n. 4. 553—555. S.   v. Madai Thaler-Cabinet 2. Theil, n. 4910. 765. S.</small>

* Dergl. 1506 (1506) Auf dem Avers steht die gekrönte Maria ohne Schein. 1⅜ Loth.

* Dergleichen. A.) Das Wapen der Stadt Lüneburg, mit der Umschrift in alten Buchstaben: MONETA. NOVA. LVNEBVRGENSIS 1506. ✠. R.) Die Wapen der Städte Lübeck, Hamburg und Wismar mit dem Lüneburgischen Löwen in der Mitte. Umschr. STATVS MARCE LVBICENSIS. 1506 ✠. 1⅜ Loth.

<small>Die Abbildung steht in Langermann Hamb. Münz- und Medaillen Vergnügen 50. St. n. 3.   393. u. f. S. von Madai Thalercabinet 3. Fortsetz. n. 7192. 413. u. f. S.</small>

Markstücke. 71

Ein Markstück. A.) Der zweyköpfigte Reichsadler. Umschrift in alten Buchstaben: MONETA. NOVA. LVBICENSIS. 1523. ✳ Rev.) Die Wapen der Städte Hamburg, Lüneburg und Wismar, ins Dreyeck gestellet und in der Mitte das Lübeckische Stadtwapen: STATVS * MARCE * LVBIC. 1⅜ Lt.
 von Melle Abhandl. 976. S.

Dergl. A.) Der zweyköpfigte Reichsadler. MONETA. NOVA. LVBICENSIS. 1546 nebst dem Kopfe eines Thieres, Joach. Tiele Münzmeisterzeichen. R.) Der doppelte Adler. MONETA. NOVA. LVBICENSIS. 1549. nebst dem Münzmeisterzeichen. Die N sind auf dem Revers alle verkehrt. Ist ein Zwittermarkstück. 1⅜ loth.
 von Melle Nachr. von Lübeck 493. S.

Ein Markstück. A.) Der zweyköpfigte Reichsadler MONETA· NOVA· LVBICENSIS· 1546. Darneben eine Eichel, Mich. Eckhoffs Münzmeisterzeichen. R.) Die Wapen der Städte Hamburg, Lüneburg und Wismar im Dreyeck, und in der Mitte das Lübeckische Wapen. STATVS· ·MARCE· LVBICE 1⅜ loth.
 von Madai Thaler-Cabinet 3. Fortsetz. n. 7188. 412. S. imgleichen Zusätze und Verbesserungen zum 2ten Th. in der 2. Fortsetz.

✳ **Dergleichen.** A.) Das Wapen der Stadt Lüneburg. MONETA o NOVA o LVNEBVRGENSIS 1546. ✠. Rev.) Die Wapen der Städte Lübeck, Hamburg und Wismar im Triangel und in der Mitte der Lüneburger Löwe. STATVS o MARCE o LVBICENSIS 1546. ✠ Die Umschrift in alten Buchstaben. 1⅜ loth.
 von Madai Thaler-Cabinet 2. Fortsetz. n. 5954. 166. S.

✳ **Dergl.** A.) Das Wapen der Stadt Lüneburg, mit der Umschrift nach itzt gewöhnlicher Schrift:
E 4 MONE-

MONETAo NOVAo LVNEBVRGENSIS+ 1546o und darneben ein Schwaan. R.) Die Wapen der drey bekannten Städte, mit dem Löwen in der Mitte und der Umschrift: STATVSo MARCEo LVBICENSIS+ 1546. und abermal ein Schwaan. 1⅞ loth.

> Die Abbildung findet man in Langermanns Hamb. Münz- und Medaillen Vergnügen 50. St. n. 4. 393—395. S. von Madai Thaler-Cabinet 3. Fortsetz. n. 7193. 414. S.

*Dergl. A.) Das Wapen der Stadt Lüneburg mit der Umschr.: MONETA·NOVA·LVNEBORGENSIS+ Darneben ein Schwaan. R.) Die Wapen der Städte Lübeck, Lüneburg (nicht Hamburg) und Wismar im Triangel. In der Mitte steht der Lüneburgische Löwe in einem Schilde und zwischen dem Wapen der Stadt Lübeck und Wismar die verminderte Zahl 46. (1546.) Umschr. STATVS.MARCE. LVBICE. 1¾ loth.

> Abbildung in Langermanns Hamb. M. u. M. Vergnügen 51. St. n. 1. 401. u. f. S. von Madai Thaler-Cabinet 3. Fortsetz. n. 7194. 414. S.

Dergl. A.) Der doppelte Adler. MONETA·NOVA· LVBICENSIS. 1549. nebst dem Kopf eines Thieres, Joach. Tiele Münzmeisterzeichen. R.) Die Wapen der Städte Hamburg, Lüneburg und Wismar im Dreyeck, und in der Mitte das Lübeckische Wapenschildchen. STATVS·MARCE·LVBICE· 1⅜ loth. Die N in dem Avers sind verkehrt.

> von Madai Thaler-Cabinet 2 Th. n. 4982. 783. u. f. S. imgl. Zusätze und Verbesser. zum 2. Th. in der 2. Fortsetz.

Dergl. A.) Der zweyköpfigte Reichsadler. MONETA. NOVA.LVBICENSIS. 1549. nebst Joach. Tiele Münzmeisterzeichen. R.) Die Wapen der Städte Hamburg, Lüneburg und Wismar im Triangel, mit dem

dem Lübeckischen Wapen in der Mitte. STATVS. MARCE. LVBICE. 1⅞ Loth.
> Ist abgebildet in Joh. Dav. Köhlers historischer Münz-Belustigung 11. Th. 27. St. 209. S. und in Langermanns Hamb. Münz- u. Medaillen Vergnügen 49. St. n. 4. 385—387. S. Molan. P. 3. p. 771. n. 244.

Dergl. A.) Der] zweyköpfigte Lübeckische Adler. MONETA. NOVA. LVBICENSIS. 1549. nebst dem Münzmeisterzeichen Joach. Tiele. R.) Die Wapen der Städte Hamburg, Lüneburg und Wismar im Triangel, und in der Mitte das Lübeckische Wapen. STATVS. LVBICE. MARCL 1⅞ Loth.

* **Dergl.** A.) Das Wapen der Stadt Wismar so auf einem Kreuze ruhet, mit der Umschrift in neuern Buchstaben: MONETA. NOVA. WISMARIENSIS. darneben ein Vogel. R.) Die Wapen von Lübeck, Hamburg und Lüneburg mit dem Wismarschen Rathswapen in der Mitten. Umschrift: STATVS· MARCE · LVBICENSIS· 1550. und abermal ein Vogel. 1⅞ Loth.

* **Dergleichen** vom selbigen Jahre. Auf dem Avers sind die N alle verkehrt.
> Die Abbildung steht in Langermanns Hamb. Münz- und Medaillen Vergnügen 51. St. n. 4. 401—404. S. von Madai Thaler-Cabinet 2. Th. n. 5143. 828. S.

Ein Marktstück. Av.) Der gekrönte zweyköpfigte Reichsadler, mit der Zahl 16 auf der Brust und unten JJJ die Anfangsbuchstaben von des Münzmeisters Joh. Just. Jasters Namen. CIVITATIS . IMPER. LUBEC. R.) Das Stadtwapen und oben drüber zwischen zwey Palmzweigen 16 SCHILLING. Umschr. COURANT. GELDT. ANNO 1728. ⅝ Loth.
> Von Melle Nachr. von Lübeck 493. S.

Dergleichen. A.) Der gekrönte zweyköpfigte Adler mit der Zahl 16 auf der Brust und unten im Schweife des Adlers des Bürgermeisters **Hinr. Balemanns** Wapen. MON. NOVA. IMP. CIVITAT. LUBECÆ. R.) Das weiß und roth getheilte Stadtwapen und oben drüber zwischen zwey Palmzweigen 16 SCHILLING. Umschrift: COURANT. GELDT. 1731. Unten JJJ und die Zaynhaken, $\frac{5}{8}$ Loth.

Dergl. 1731. falsche.

Dergl. 1732.

Dergl. 1732. falsche.

Dergl. 1737.

Dergl. 1738.

Dergl. 1738. falsche.

Dergl. A.) Der gekrönte Adler mit 16 auf der Brust. und unten des Bürgermeisters **Hinrich Rusts** Wapen. MON. NOVA. IMP. CIVITAT. LVBECÆ. R.) Das Stadtwapen und oben drüber zwischen 2 Palmzweigen 16 SCHILLING. Umschr. COURANT. GELDT. 1752. Unten J J J. nebst den Zaynhaken. $\frac{5}{8}$ Loth.

Dergleichen. Ay.) Der gekrönte zweyköpfigte Adler mit 16 auf der Brust und unten des Bürgermeisters **Gotthard Arnold Isselhorsts** Wapen. MON. NOVA. IMP. CIVITAT. LUBEC. R.) Das mit Palmen- und Lorbeerzweigen umgebene Stadtwapen und oben drüber zwischen zwey Palmzweigen 16 SCHILLING. Umschrift: COURANT. GELDT. 1758. Unten J J J. mit den ¡ beyden geschränkten Zaynhaken. $\frac{5}{8}$ Loth.

7. Gül

7. Gülden oder Silbergülden.

Ein Gülden. A.) Der zweyköpfigte Reichsadler und auf der Brust das Stadtwapen. IMPERIALIS. CIVITATIS. LVBICENSIS. INSIGNE. 1528. Rev.) Kaiser **Carls** V. Brustbild von der linken Seite, ohne Bart, in der Schaube, mit einem breiten Hute und offenem Munde, auch goldenen Vließ auf der Brust. CAROLVS. QVINTVS. ROMANORVM. IMPERAT. In jeder Umschrift liegen 4 kleine Lilien. 1¾ Loth schwer.
Dergl. von selbigen Jahr 1½ schwer.
 von Melle Abhandl. 978. S.   von Madai Thaler-
 Cabinet 1. Th. n, 2266. 720. S.

Dergl.   A.) Der zweyköpfigte Reichsadler mit dem Stadtwapen auf der Brust, in einem runden, auf einem Kreuze ruhenden und mit vier Blumenzweigen umgebenen Schilde. IMPERIALIS CIVITATIS LVBICENSIS INSIGNE 1528. R.) Das Brustbild Kaisers **Carls** V. von der linken Seite, in kurzen Haaren, mit einem breiten Hute und in einer rauhen Schaube, mit dem goldenen Vließ auf der Brust, CAROLVS QVINTVS ROMANORVM INPERATOR (anstatt IMPERATOR) 1½ Loth.   (†)
 von Madai Thaler-Cabinet 3. Fortsetz. n. 7187. 412. S.

Dop-

(†) Dergl. A.) Johann der Täufer stehend, mit einem Schein um den Kopf und dem Lämmchen auf einem Buche im linken Arm. Zu den Füßen das Stadtwapen, in einer ovalen Einfassung. Zwischen der Umschrift und der Einfassung ist ein bogenförmiger Kranz gezogen. Bey dem Haupte ist zur Rechten in der Umschrift des Bürgermeisters Gotthard von Hövelen und zur Linken des Bürgermeisters Anton von Stiten Abzeichen. Unten zur Rechten steht J. Tiele Münzmeisterzeichen. MONETA. NOVA. LVBICENSIS. R.)

8. Doppelte Markstücke.

Ein Zweymarkstück. A.) Der gekrönte Reichsadler, und unter demselben des Bürgermeisters **Matthaei Rodde** Wapen CIVITATIS. IMPERIAL: R.) Das Stadtwapen mit aufgesetzter Krone u. getheilter Jahrzahl an den Seiten: 16-71. Umschr. 32 SCHILLING· LVBE: STADT. GELDT. u. *⁎* Lor. Wagners Münzmeisterzeichen. 1½ Loth.

    von Madai Thaler-Cabinet 3. Fortsetz. n. 7191. 413. S.
    von Melle Nachr. von Lübeck 494. S.
  Diese Geldsorte ward 1673. auf 27 Schilling gesetzt. S. Hamb. Münzmandat vom 21. Mai. 1673. 4. allwo auch die Abbildung in einem Holzschnitte zu finden ist.

Dergl. Av.) Der gekrönte zweyköpfigte Reichsadler. und unter demselben des Bürgermeisters **Matthaei Rodde** Wapen. MONETA. NOVA. CIVIT. IMP. LVB. R.) Das gekrönte Stadtwapen. Umschrift: 32 SCHILLING. STADT. GELDT. 1672. nebst Lor. Wagners Münzmeisterzeichen. 1½ Loth.

  Vom schlechten Gehalt von Melle Nachr. von Lübeck 494. S.   von Madai Thaler-Cabinet 2ter Th. n. 5001. 790. S.

Dergl. A.) Der gekrönte doppelte Adler mit 32 auf der Brust und unten JJJ (Joh. Just. Jaster) mit zwey geschränkten Zaynhaken; Umschrift: CIVITATIS. IMPER. LUBEC. R.) Das Stadtwapen und oben drüber zwischen zwey Palmzweigen 32 SCHILLING. Umschr. COURANT GELDT. ANNO 1728. 1¼ Loth.

    von Melle Abhandl. 977. S.

Dergl.

R.) Der gekrönte zweyköpfigte Reichsadler, auf dessen Brust der Reichsapfel mit der Zahl 24, anzudeuten, daß der Gülden damals so viel gegolten habe. CAROLI V. IMP. AVG. P. DECRETO. 1½ Loth.

  S. von Melle Abhandl. 977. u. f. S. dessen Nachr. von Lübeck 493. u. f. S.

Dergl. A.) Der gekrönte doppelte Adler mit der Wehrzahl 32 auf der Brust und unten des Bürgermeisters **Hinrich Balemanns** ovales Wapenschild Umschr. MON. NOVA. IMP. CIVITAT. LUBECÆ. R.) Das zierlich eingefaßte Stadtwapen, darüber zwischen zwey Palmzweigen 32 SCHILLING. Umschr. COURANT. GELDT. 1731. unten JJJ nebst den Zaynhaken. 1¼ Loth.

Dergl. 1732.

Dergl. 1738.

Dergl. 1747.

Dergl. 1748.
    von Madai Thaler-Cabinet 2 Th. n. 5012. 793. S.

Dergl. 1748. falsche.

Dergl. 1749. da auch das Stadtwapenschild mit 2 Palmzweigen besteckt ist.
    von Madai Thaler-Cabinet 2. Th. n. 5012. 793. S.

Dergl. 1750. von gleichem Gepräge.

Dergl. A.) Der gekrönte zweyköpfigte Adler mit 32 auf der Brust. Darunter das ovale Wapen des Bürgermeisters **Hinrich Rust** MON. NOVA. IMP. CIVITAT. LUBECÆ. R.) Das Stadtwapen und darüber zwischen zwey Palmzweigen in drey Zeilen: 32 SCHILLING. Umschrift: COURANT GELDT. 1752. Unten J. J. J. und die gewöhnlichen Zaynhaken. 1¼ Loth.
    von Madai Thaler-Cabinet 2. Th. n. 5014. 794. S. dessen 2. Fortsetz. in den Zusätzen und Verbesserungen zum zweyten Theil.

Dergl. 1752. falsche.

Dergl. A.) Der gekrönte Reichsadler mit 32 auf der Brust, darunter des Bürgermeisters **Gotthard**

Arnold Iſſelhorſts Wapen. MON. NOVA. IMP. CIVITAT. LUBEC. R.) Das mit Palm- und Lorbeerzweigen umgebene Stadtwapen, darüber zwiſchen zwey Palmzweigen in drey Zeilen: 32 SCHILLING und ganz unten J J J und zwey Zaynhaken. COURANT GELDT. 1758. 1¼ Loth.

<small>von Madai Thaler-Cabinet 2. Fortſetz. n. 5953. 166. S.</small>

Dergl. A.) Der gekrönte Reichsadler, mit 32 auf der Bruſt, darunter des Bürgermeiſters **Gotthard Arnold Iſſelhorſts** Wapen. MON. NOVA. IMP. CIVITAT. LUBECÆ. R.) Das mit Palm- und Lorbeerzweigen umgebene Stadtwapen. Darüber zwiſchen zwey Palmzweigen: 32. SCHILLING. und unten: D. P. Z. (Diderich Philipp Zachau) Umſchrift: COURANT. GELDT. 1758. 1¼ Loth.

<small>von Madai Thaler-Cabinet 2. Th. n. 5015. 794. S. deſſen 2. Fortſetz. in den Zuſätzen und Verbeſſerungen zum zweyten Theil.</small>

9. Courantthaler.

Courantthaler. A.) Der gekrönte Reichsadler mit der Zahl 48 auf der Bruſt. Darunter das Wapen des Bürgermeiſters **Hinrich Ruſt** in einem ovalen Schilde. MON. NOVA. IMP. CIVITAT. LUBECÆ. R.) Das Stadtwapen in einer zierlichen Einfaſſung. Darunter ganz unten: J. J. J. mit den zwey Zaynhaken. Umſchrift: 48. SCHILLING. COURANT. GELDT. ANNO. 1752. 1⅞ Loth.

<small>von Madai Thaler-Cabinet 2. Th. n. 5013. 793. u. f. S.</small>

Dergl. von dem feinſten Silber und von dem Stempel des vorhergehenden abgeprägt. Wiegt 2 Loth.

III. Reichs-

III. Reichsmünzen.

Zu den Zeiten des Kaisers Maximilians I. hießen sie **Güldengroschen.** Diese Bennenung ward durch die Einführung des Reichsmünzfußes abgeändert. Man erwählete dafür den schon im 15ten Jahrhundert und früher bekannten Thaler Namen. Von andern gemeinen Münzen des heiligen Römischen Reichs sind sie ausgeschlossen und weil sie eine besondere Art ausmachen, so wurden sie auch nicht **Reichsthaler** sondern **Speciesthaler** zubenamt. Der Kaiserliche Name und Titel, welcher um den doppelten Adler, der den Reichsapfel mit einer Ziffer auf der Brust trägt, zu lesen ist, unterscheidet sie von dem Courantgelde. Die Stücke, welche nach Kaisers Carls V. und Ferdinand II. Münzverordnungen geschlagen wurden, bestanden aus ganzen, halben und Ortsthalern. Mit den letztern machen wir den Anfang; nur bemerken wir vorläufig, daß in der Münzsprache ein Ort den vierten Theil eines Güldengroschen bedeute. Von diesen Reichsmünzen gab es

1. **halbe Ortsthaler.** (†)

Dergl.

(†) **Ein halber Ortsthaler. A.**) Der gekrönte zweyköpfigte Reichsadler mit einem Schein um den Köpfen und dem Reichsapfel mit der Zahl 4 auf der Brust. CAROLI. V. IMP. AVG. P. F. D. **R.**) Johann der Täufer stehend, in einer ovalen Einfassung, mit dem Lämmchen auf einem Buche im linken Arm. Zwischen der Umschrift und der Einfassung ist ein bogenförmigen Kranz gezogen. Bey dem Haupte, in der Umschrift, steht zur Rechten des Bürgermeisters **Gotthard von Hövelen** und zur Linken des Bürgermeisters **Anton von Stiten** Abzeichen zu sehen.

Unten

halbe Ortsthaler.

Ein halb. Ortsth. U.) Der gekrönte 2köpfigte Reichsadler mit der Zahl 4 auf der Brust. FERDINAND II.
D. G. RO. IM. SE. A. R.) Johann der Täufer mit
einem Schein um den Kopf und dem Lämmchen auf
einem Buche im linken Arm. Vor ihm steht das
Stadtwapen, darneben unten zu beyden Seiten des
Bürgermeisters **Alexanders von Lüneburg** Abzeichen und die getheilte Jahrzahl 16—22. MONE.
NO. LVBECEN. nebst der Sonne, Hinr. von der
Klähren Münzmeisterzeichen.
von Melle Abhandl. 972. S.

Dergl. 1623.

Dergl. U.) Der gekrönte zweyköpfigte Adler mit dem
Reichsapfel auf der Brust, darinn die Zahl 4 steht.
FERDINAND. II. D. G. RO. IM. SE. A. R.) Johann
der Täufer mit einem Schein um den Kopf und dem
Lämmchen auf einem Buche im linken Arm, vor ihm
steht das Stadtwapen, darneben unten zur Rechten
des Bürgermeisters **Hinrich Köhlers** und zur
Linken des Bürgermeisters **Lorenz Möllers** Ab-
zeichen, nebst der Jahrzahl 1629. MON. NO.
LVBEC.
Molan. P. 3. u. 248. p. 772.

Dergl. 16—30.

Dergl.

Unten zur Rechten steht der Kopf eines Thieres, J. Tiele
Münzmeisterzeichen. MONET. NOV. LVBICENS. Zwischen 1549 und 1554 gepräget.

Anmerk. Die auf dem Avers in der Brust des Adlers vorkommende Zahl 4 deutet an, daß ehemals als der Thaler 32
Schillinge gegolten, ein solches Stück, welches itzt 6 Schillinge
wehrt ist, nur für 4 ßl. gerechnet worden.
von Melle Abhandl. 973. S.

Dergl. A.) Der zweyköpfigte Adler mit dem Reichs=
apfel auf der Brust, darin die Zahl 4. FERDINAND. II,
D. G. RO. IM. SE. A. R.) Der heil. Johannes mit
dem Lämmchen, wie vorhin; vor sich das Stadtwapen
darneben unten zu beyden Seiten des Bürgermeisters
Hinr. Köhlers Abzeichen und die Jahrzahl 1634.
MONE. NO. LVBECE. darneben v. d. Klähren
Münzmeisterzeichen.

Dergl. 1635.

Dergl. 1636. (†)

Dergl. A.) Der gekrönte zweyköpfigte Adler mit dem
Reichsapfel auf der Brust, darinn die Zahl 4
FERDINAND III. D. G. RO. IMP. SEM. Rev.)
Johann der Täufer mit einem Schein um den Kopf
und dem Lämmchen, auf einem Buche im linken
Arm. Vor ihm steht das Stadtwapen und zu
beyden Seiten des Bürgermeisters Hinr. Köhlers
Abzeichen, nebst der Jahrzahl 1639. MONE. NO.
LVBECE. darneben von der Klähren Münz=
meisterzeichen. (††)

2. Ortsthaler.

Ein Ortsthaler. A.) Ein Lilienkreuz, worinn ein
Schild mit dem zweyköpfigten Reichsadler. CRVX'°
FVGAT °OMNE °MALV' R.) Johann der Täufer
F   mit

(†) Dergl. 1637.

(††) Dergl. A.) Der gekrönte doppelte Adler und auf der
Brust der Reichsapfel mit der Zahl 4 FERDINAND III
D. G. RO. IMP. SE. A. R.) Johann der Täufer mit
dem Lämmchen u. s. w. Unten zu beyden Seiten des
Stadtwapens steht des Bürgermeisters Christoph Gerdes
Abzeichen und die Jahrzahl 1646. MONE. NO. LVBECEN.
darneben Hans Wilms Münzmeisterzeichen.

mit einem Schein um den Kopf und dem Lämmchen auf einem Buche im linken Arm, vor sich das Stadtwapen, darneben zu beyden Seiten ein Blatt, Jürgen Bockholts Münzmeisterzeichen. MONET. 1522. LVBICN.

Ist vom Doppelschillingsstempel abgeprägt.

Dergl. A.) Der zweyköpfigte Reichsadler. MONETA. NOVA. LVBICENS. 1546. Darneben eine Eichel, Mich. Eckhoffs Münzmeisterzeichen. R.) Johann der Täufer mit einem Schein um den Kopf und dem Lämmchen auf einem Buche im linken Arm, vor sich das Stadtwapen, darneben zur Linken des Bürgermeisters **Gotth. von Hövelen** Abzeichen. CIVITATIS. IMPERIALIS (Insigne) nebst demselben Münzmeisterzeichen.

von Melle Abhandl. 974. S.

Dergl. A.) Der zweyköpfigte Reichsadler. MONETA. NOVA. LVBICEN. 1549. nebst dem Kopfe eines Thieres, Joach. Tiele Münzmeisterzeichen. R.) Johann der Täufer mit einem Schein um den Kopf und dem Lämmchen auf einem Buche im linken Arm, vor sich das Stadtwapen, darneben zur Linken der Bürgermeister **Anton von Stiten** und **Gotth. von Hövelen** Abzeichen. CIVITATIS. IMPERIALI.

Numophylac. Molano-Boehmer P. 3. n. 247. p. 772.

Dergl. A.) Der gekrönte zweyköpfigte Adler mit dem Reichsapfel, darinn die Zahl 8 auf der Brust steht. CAROLI V. IMP. AVG. P. F. DEC. R.) Johann der Täufer und Schutzheiliger stehend, mit dem Lämmchen auf einem Buche im linken Arm, und zu den Füßen das Stadtwapen in einer ovalen Einfassung. Zwischen der Umschrift und der Einfassung ist ein bogenförmiger Kranz gezogen. Bey dem Haupte in der Umschrift findet man zur Rechten

des

Ortsthaler.

des Bürgermeisters **Gotthard von Hövelen** und zur Linken des Bürgermeisters **Anton von Stiten** Abzeichen, und unten zur Rechten Joach. Tiele Münzmeisterzeichen. MONE. NOVA. LVBICENS. Die N stehen alle verkehrt.

> Die auf dem Avers vorkommende Zahl deutet an, daß dazumal dergleichen Ortsthaler 8 Schillinge gegolten haben. von Melle Abhandl. 975 S. Ist zwischen 1549 und 1554. geprägt.

Dergl. A.) Der gekrönte doppelte Adler im Schein mit dem Reichsapfel, darinn die Zahl 8 auf der Brust. RVDOLPHVS II. D. G. IM. SE. AV. Rev.) Johann der Schutzheilige mit einem Schein um den Kopf und dem Lämmchen auf einem Buche im linken Arm, vor sich das Stadtwapen und darneben unten zu beyden Seiten des Bürgermeisters **Herm. von Dorne** Abzeichen. MONETA. NO. LVBECE. 1585. nebst einer Blume **Claes Roethusen** Münzmeisterzeichen.

Dergl. 1588.

Dergl. A.) Der gekrönte doppelte Adler im Schein und der Reichsapfel mit der Zahl 8 auf der Brust. RVDOLPHVS II. D. G. IMP. SE. AVG. R.) Johann der Schutzheilige ohne Hauptschein mit dem Lämmchen auf dem Buche, im linken Arm; vor sich das Stadtwapen und unten darneben zu beyden Seiten des Bürgermeisters **Herm. von Dorne** Abzeichen. MONETA. NOVA. LVBICENS 91 (1591) mit Cl. **Roethusen** Münzmeisterzeichen.

Dergl. A.) Der gekrönte zweyköpfigte Adler im Schein und dem Reichsapfel mit der Zahl 8 auf der Brust RVDOLH. II. D. G. IMP. SE. AVGVS. R.) Johann der Schutzheilige mit einem Schein um den Kopf und dem Lämmchen auf einem Buche im linken Arm, vor sich das Stadtwapen; darneben unten zur Linken des Bürgermeisters Dieterich von Brömbsen Abzeichen. MONETA. NOVA. LVBECENS. 1595. nebst Claes Roethusen Münzmeisterzeichen.

Dergl. A.) Der gekrönte zweyköpfigte Adler ohne Schein und mit dem Reichsapfel, worinn die Zahl 8 auf der Brust. RVDOL. II. D. G. IMP. SE. AVGVS. R.) Johann der Schutzheilige mit einem Schein um den Kopf und dem Lämmchen auf einem Buche im linken Arm, vor sich das Stadtwapen, darneben zur Rechten des Bürgermeisters Gotthard von Hövelen Wapen. MONE. NOVA. LVBECE. 603 (1603.) nebst einer Lilie Statii Wessels Münzmeisterzeichen.

Dergl. mit 606 (1606.)

Dergleichen mit 606 (1606.) Auf dem Avers ist der gekrönte Reichsadler mit einem Schein umgeben.

Dergl. A.) Der gekrönte zweyköpfigte Adler, ohne Schein und mit dem Reichsapfel worinn die Zahl 8 auf der Brust. RVDOL. II. D. G. IMP. SE. AVGVS. R.) Johann der Schutzheilige mit einem Schein um den Kopf und dem Lämmchen auf einem Buche im linken Arm, vor sich das Stadtwapen, darneben zu beyden Seiten des Bürgermeisters Alexanders v. Lüneburg Abzeichen. MONE. NOVA. LVBECE. 609 (1609.) nebst Statii Wessels Münzmeisterzeichen.

Dergl. 1610.

Dergl. A.) Der gekrönte zweyköpfigte Adler, ohne Schein und mit dem Reichsapfel worinn die Zahl 8 auf der Brust. RVDOL. II. D. G. IMP. SE. AVGVS. R.) Johann der Täufer ohne Schein um den Kopf
und

Ortsthaler.

und dem Lämmchen auf einem Buche im linken Arm, vor sich das Stadtwapen, darneben zu beyden Seiten des Bürgermeisters **Alexanders von Lüneburg** Abzeichen. MONE. NOVA. LVBECENS 612 (1612.) nebst Statii Wessels Münzmeisterzeichen. (†)

Dergl. A.) Der gekrönte zweyköpfigte Adler im Schein und mit dem Reichsapfel worinn die Zahl 8 auf der Brust. MATTHIAS. I. D. G. IMP. SE. AVGVS. R.) Johann der Täufer und Schutzheilige mit einem Schein um den Kopf und dem Lämmchen auf einem Buche im linken Arm, vor sich das Stadtwapen, darneben zu beyden Seiten des Bürgermeisters **Alexanders von Lüneburg** Abzeichen. MONE. NOVA. LVBECENS 619 (1619.)

Dergl. A.) Der gekrönte zweyköpfigte Adler im Schein mit dem Reichsapfel, worinn die Zahl 8 auf der Brust. FERDINAND II. D. G. RO. IMP. SE. AVGVS. R.) Johann der Täufer und Schutzheilige mit dem Schein und dem Lämmchen auf einem Buche im linken Arm, vor sich das Stadtwapen, darneben zu beyden Seiten des Bürgermeisters **Alexanders v. Lüneburg** Abzeichen. MONE. NOVA. LVBECENS. Darneben eine Sonne, des Münzmeisters Hinrich von der Klähren Abzeichen. 20. (1620.)

(†) Dergl. A.) Der gekrönte zweyköpfigte Adler ohne Schein und mit dem Reichsapfel worinn die Zahl 8 auf der Brust. MATTHIAS I. D. G. IMP. SE. AVGVS. R.) Johann der Schutzheilige mit einem Schein um den Kopf und dem Lämmchen auf einem Buche im linken Arm, vor sich das Stadtwapen, darneben zu beyden Seiten des Bürgermeisters **Alexand. v. Lüneburg** Abzeichen und die Jahrzahl 1617. MONE. NOVA. LVBECNS. nebst dem Posthorn das vermuthlich ein Ilehornisches Münzmeisterzeichen ist.

Dergleichen 21. (1621.) auf dem Revers LVBECEN. und AV.

Dergl. A.) Der gekrönte doppelte Adler ohne Schein mit dem Reichsapfel, darinn die Zahl 8 auf der Brust. FERDINAND II. D. G. RO. IM. SE. AVG. R.) Johann der Täufer und Schutzheilige mit dem Schein und Lämmchen auf der Brust im linken Arm, vor sich das Stadtwapen, darneben zu beyden Seiten des Bürgermeisters Alexanders **von Lüneburg** Abzeichen, mit der Jahrzahl 1622. MONE. NOVA. LVBECENS. nebst Hinr. von der Klähren Münzmeisterzeichen.

Dergl. 1622. worauf der Adler mit einem Schein vorkommt.

Dergl. 1623. worauf der Adler mit einem Schein zu sehen. (†)

Dergl. A.) Der gekrönte zweyköpfigte Adler ohne Schein um den Köpfen und mit dem Reichsapfel, darinn die Zahl 8 auf der Brust. FERDINAND II. D. G. ROM. IMP. SE. AV. R.) Der Schutzheilige Johann der Täufer, mit einem Schein um den Kopf und dem Lämmchen auf einem Buche im linken Arm, vor sich das Stadtwapen, darneben zu beyden Seiten des Bürgermeisters Alexanders **von Lüneburg** Abzeichen mit der Jahrzahl 1626. MONE. NO. LVBECE. nebst Hinr. von der Klähren Münzmeisterzeichen.

Dergl. Av.) wie beym vorhergehenden. Umschrift: FERDINAND II. D. G. R. I. S. AV. R.) ist dem vorhergehenden gleich. Zuletzt steht die Jahrzahl 1627. Umschr: MONE. NO. LVBE. mit von der Klähren Münzmeisterzeichen.

Dergl.

(†) Dergl. 1625. auf dem Avers AV und auf dem Revers NO.

Dergl. A.) Der gekrönte zweyköpfigte Adler ohne Schein, mit dem Reichsapfel darinn die Zahl 8 auf der Brust. FERDINAND II. D. G. R. I. S. A. R.) Der Schutzheilige Johann der Täufer mit einem Schein um den Kopf und dem Lämmchen auf einem Buche im linken Arm, vor sich das Stadtwapen, zu dessen Rechten **Hinrich Köhlers** und zur Linken **Lorenz Möllers**, beyder Bürgermeister Abzeichen, nebst der Jahrzahl 1628. MO. NO. LVBEC. Darneben Hinr. von der K l ä h r e n Münzmeisterzeichen.

Dergl. 1629.

Dergl. 1631.

Dergl. 1632. In der Umschrift des Avers: D: G: RO: I: SEMP: VA. (AV.) und im Revers: MON. NOV. LVBECENS

Dergl. 1633.

Dergl. 1634.

Dergl. A.) Der gekrönte zweyköpfigte Adler ohne Schein mit dem Reichsapfel, darinn die Zahl 8 auf der Brust. FERDINAND. II. D. G. R. I. S. AV. R.) Der Schutzheilige Johann der Täufer ꝛc. Zu beyden Seiten des Stadtwapens steht des Bürgermeisters **Hinrich Köhlers** Abzeichen und die Jahrzahl 1635. MONE. NOV. LVBECEN.

Dergleichen. A.) Der gekrönte zweyköpfigte Adler ꝛc. FERDINAND. II: D G: RO: IMP: SEM: A: R.) Der Schutzheilige Johann der Täufer ꝛc. 1637. MONE. NO. LVBECEN.

Dergleichen A.) Der gekrönte zweyköpfigte Adler ꝛc FERDINAND. III. D G: RO: IMP: SEM: A. R.) Der heilige Johannes ꝛc. 1637. MONE. NO. LVBECEN.

Dergleichen. A.) Der gekrönte zweyköpfigte Adler ꝛc. FERDINAND. III. D. G. RO. IMP. SEM. A. R.) Der Schutzheilige Johann der Täufer ꝛc. Zur Linken des Stadtwapens steht des Bürgermeisters **Chrisi. Gerdes** Wapen. MONE. NO. LVBECEN. 1646.

3. halbe Speciesthaler.

*** Ein Lüneburgischer Dickthaler. A.)** Die Wapen der Städte Lübeck, Hamburg und Lüneburg ins Dreyeck gestellt und in der Mitte eine Rose. MONE NOVA · LVNE. R.) Ein durch die Umschrift gehendes Kreuz, worauf das Stadtwapen. CRVX. ALMA. NRA: SALVS. 1 loth.

Ist vom Doppelschillingstempel abgepräget.

S. (Albert Balemanns) Thalersammlung Hamb. [1777: n. 3613. 288. S.

Ein halber Thaler. A.) Der zweyköpfigte Reichsadler. Die Umschrift in alten Buchstaben: MONETA: NOVA: LVBICENSIS 1702 (1502.) ✠. R.) Johann der Schutzheilige im Hauptschein, stehend mit dem Lämmchen auf einem Buche im linken Arm und unter ihm das Stadtwapen, in einer ovalen Einfassung. Zwischen der Umschrift und Einfassung ist ein bogenförmiger Kranz gezogen. SANCT: IOHANNES: BAPTIST.

(Albert Balemanns) Thalersammlung, Hamb. 1777. n. 3565. 286. S. von Melle Abhandl. 976. S. dessen Nachr. v. Lübeck 498. S.

Dergl. A.) Der zweyköpfigte Reichsadler. MONETA. NOVA. LVBICENSIS. 1546. Darneben eine Eichel, Michael Eckhoffs Münzmeisterzeichen. R.) Der Schutzheilige, Johann der Täufer, mit einem Hauptschein und dem Lämmchen auf einem Buche im im linken Arm, vor sich das Stadtwapen, darneben zur Linken des Bürgermeisters **Gotthard von Hövelen** Abzeichen. CIVITATIS. IMPERIALIS. (Insigne) und abermal das Münzmeisterzeichen.

Dergl. 1546. darinn die 4 verkehrt steht.

Dergl. A.) Der zweyköpfigte Reichsadler. MONETA. NOVA. LVBICENSIS. 1549. nebst dem Kopfe eines Thieres Joach. Tiele Münzmeisterzeichen. Rev.) Johann der Täufer ꝛc. ohne Bürgermeister-Abzeichen. CIVITATIS. IMPERIALIS ✠

Dergl. A.) Der zweyköpfigte Reichsadler. MONETA. NOVA. LVBICENSIS. 1549. nebst J. Tiele Münzmeisterzeichen. R.) Johann der Täufer ꝛc. Zur Rechten des Stadtwapens steht des Bürgermeisters **Gotth. v. Hövelen** und zur Linken Bürgermeisters **Ant. v. Stiten** Abzeichen. CIVITATIS. IMPERIALI˙

Dergl. A.) Der gekrönte zweyköpfigte Reichsadler, mit dem Reichsapfel, darinn die Wehrtzahl 16 auf der Brust. CAROLI V. IMP. AVG. P. DECRENO (DECRETO) R.) Johannes mit dem Lämmchen auf einem Buche im linken Arm, mit einem ovalen Schein umgeben und unter seinen Füßen das Lübeckische Wapenschildchen. Bey dem Haupte desselben stehen in der Umschrift die Abzeichen der Bürgermeister **Gotthard von Hövelen** und **Anton von Stiten**, und unten zur Rechten des Münzmeisters Joach. Tiele Zeichen. Zwischen der Umschrift und der Einfassung ist ein bogenförmiger Kranz gezogen. MONET. NOVA. LVBICENSIS (Die N sind verkehrt.)

Zwischen 1549 und 1554 geprägt.

von Madai Thaler-Cabinet 2. Th. n. 4981. von Melle Nachr. von Lübeck 499. S.

halbe Speciesthaler.

Dergl. A.) Der doppelte Adler. MONETA. NOVA. LVBECENSIS. 1559. Darneben ein Vögelchen, Joach. Dalemanns Münzmeisterzeichen. R.) Der Schutzheilige Johann der Täufer ꝛc. Zu beyden Seiten des Stadtwapens steht des Bürgermeisters **Anton von Stiten** Abzeichen. CIVITATIS. IMPERIALIS. und darneben abermal das Vögelchen.

New Müntz Buech in fol. München 1597. fol. 49.

Dergl. Av.) Der gekrönte Reichsadler. MONETA. NOVA. LVBECENSIS. 1559. R.) Der Schutzheilige Johann der Täufer ꝛc. Zu beyden Seiten des Stadtwapens steht des Bürgermeisters **Ambr. Meyers** Abzeichen. CIVITATIS. IMPERIALIS. nebst Joach. Dalemanns Münzmeisterzeichen.

Dergl. A.) Der gekrönte zweyköpfigte Reichsadler, mit einem Schein um den Köpfen. Auf der Brust desselben befindet sich der Reichsapfel darinn 13. 9. (13. Schill. 9. Pf.) welches der damalige Wehrt eines halben Speciesthalers war. MAXIMILIAN. II. D. G. IMP. SE. AVG. Rev.) Der Schutzheilige Johann der Täufer ꝛc. Zu beyden Seiten des Stadtwapens steht des Bürgermeisters **Ambrosii Meyers** Abzeichen. MONETA. NOVA. LVBECENS. 1568. nebst Joach. Dalemanns Münzmeisterzeichen.

Numophyl. Molano-Boehmer. P. 3. n. 245. p. 771. von Melle Abhandl. 981. S. dessen Nachricht von Lübeck 499. u. f. S.

Dergl. A.) Der gekrönte zweyköpfigte Adler mit dem Reichsapfel auf der Brust, darinn 16. (16 Schillinge) MAXIMILIAN. II. D. G. IMP. SE. AVGV. R.) Johann der Täufer ꝛc. Zu beyden Seiten des Stadtwapens steht des Bürgersmeisters **Hieron. von**

halbe Speciesthaler.

von **Lüneburg** Abzeichen. MONETA. NOVA. LVBECENS. 1573. nebst Joach. Dalemanus Münzmeisterzeichen. (†)

Dergl. Av.) Der gekrönte zweyköpfigte Adler ꝛc. RVDOLPHVS II. D. G. IMP. SE. AV. R.) Johann der Täufer ꝛc. Zu beyden Seiten des Stadtwapens steht des Bürgermeisters **Joh. Brokes** Abzeichen. MONETA. NOVA. LVBECENS. 1581.

Dergl. 1583. AVGV.

Dergl. A.) Der gekrönte zweyköpfigte Adler ꝛc. RVDOLPHVS II. D. G. IMP. SE. AVGVS. Rev.) Johann der Täufer ꝛc. Zu beyden Seiten des Stadtwapens steht des Bürgermeisters **Hermann von Dorne** Abzeichen. MONETA. NOVA. LVBECENS. 1585. nebst einer Blume, **Claes Roethnsen** Münzmeisterzeichen.

Dergl. 1591.

Dergl. A.) Der gekrönte zweyköpfigte Adler ohne Schein ꝛc. RVDOLPHVS II. D. G. IMP. SE. AVGVS. R.) Johann der Täufer ꝛc. Zu beyden Seiten des Stadtwapens steht des Bürgermeisters **Dider. v. Brömsen** Abzeichen. MONETA. NOVA LVBECENS. 94 (1594.) Darneben dasselbe Münzmeisterzeichen.

Dergl. A.) Der gekrönte zweyköpfigte Adler mit einem Schein um den Köpfen und mit 16 im Reichsapfel auf der Brust. RVDOLPHVS II. D. G. IMP. SE. AVGVS. R.) Johann der Täufer ꝛc. Zu beyden Seiten des Stadtwapens steht des Bürgermeisters **Diderich von Brömsen** Abzeichen. MONETA. NOVA. LVBECENS. 1595. nebst Cl. **Roethusen** Münzmeisterzeichen.

Dergl.

(†) Dergl. 1576.

Dergl. A.) Der gekrönte zweyköpfigte Adler ohne
Schein um den Köpfen und mit dem Reichsapfel
darinn die Zahl 16 auf der Brust. RVDOLPHVS II.
D. G. IMP. SE. AVGVS. R.) Johann der Täufer ꝛc.
Zur Rechten des Stadtwapens steht des Bürger-
meisters **Gotthard von Hövelen** Abzeichen.
MONE. NOVA. LVBECENS. 1601. nebst Claes
Roethusen Münzmeisterzeichen.

Dergl. A.) Der gekrönte zweyköpfigte Adler mit einem
Schein ꝛc. RVDOL. II. D. G. IMP. SE. AVGVS.
R.) Johann der Täufer ꝛc. Zur Rechten des Stadtwapens des Bürgermeisters **Gotthard v. Hövelen**
Wapen. MONE. NOVA. LVBECENS. 603. (1603.)
nebst einer Lilie, Statii Wessels Münzmeisterzeichen.

Dergl. A.) Der gekrönte zweyköpfigte Adler ꝛc.
RVDOL. II. D. G. IMP. SE. AVGVS. R.) Johann
der Täufer ꝛc. Zur Rechten des Stadtwapens des
Bürgermeisters **Gotthard von Hövelen** Wapen
und zu beyden Seiten die Jahrzahl 608. (1608.)
MONETA. NOVA. LVBECENS.

Dergl. A.) Der gekrönte zweyköpfigte Adler ꝛc.
RVDOL. II. D. G. IMP. SE. AVGVS. R.) Johann
der Täufer ꝛc. Zu beyden Seiten des Stadtwapens
des Bürgermeisters **Alexanders von Lüneburg**
Abzeichen mit der Jahrzahl 609 (1609) MONE.
NOVA. LVBECENS. nebst Statii Wessels Münzmeisterzeichen.

Dergl. 1610.

Dergl. A.) Der gekrönte zweyköpfigte Adler ohne
Schein, mit dem Reichsapfel darinn 16 auf der
Brust. MATTHIAS I. D. G. IMP. SE. AVGVS.
R.) Johann der Täufer ꝛc. Zu beyden Seiten des
Stadtwapens des Bürgermeisters **Alexanders von
Lüne-**

halbe Speciesthaler.

Lüneburg Abzeichen und die Jahrzahl 1619. MONE. NOVA. LVBECENS. Darneben eine Sonne Hinr. von der Klähren Münzmeisterzeichen.

Dergl. 1619. A.) Der gekrönte zweyköpfigte Adler mit einem Schein ꝛc. Das übrige wie bey den vorhergehenden.

Dergl. A.) Der gekrönte zweyköpfigte Adler ꝛc. FERDINAND II. D. G. RO. IMP. SE. AV. R.) Der heilige Johann der Täufer ꝛc. Zu beyden Seiten des Bürgermeisters **Alexanders von Lüneburg** Abzeichen und die Jahrzahl 1621. MONE. NOVA, LVBECEN. nebst Hinr. von der Klähren Münzmeisterzeichen.

Dergl. 1622. (†)

Dergl. 1625. Auf dem Revers: NO: &c.

Dergl. 1626. Auf dem Avers S. AV &c. und auf dem Revers NO: LVBECE &c.

Dergl. A.) Der gekrönte zweyköpfigte Adler ohne Schein und auf der Brust der Reichsapfel darinn die Zahl 16 FERDINAND II. D: G. RO. IM. SE. A. R.) Der Schutzheilige Johann der Täufer mit dem Lämmchen auf einem Buche im linken Arm, vor sich das Stadtwapen, darneben zu beyden Seiten der Bürgermeister **Hinrich Köhlers** und **Lorenz Möllers** Abzeichen nebst der Jahrzahl 1628. MONE. NO. LVBEC. Darneben Hinrich von der Klähren Münzmeisterzeichen.

Dergl. 1629. Auf dem Avers: IMP. &c.

Dergl. 1631. Auf dem Avers: Der zweyköpfigte Adler mit einem Schein ꝛc. — IMP. SEMP. AV. und auf dem Revers — NOVA. LVBECENS. &c.

Dergl. 1632. — SEM. — MON. &c.

Dergl.

(†) Dergl. 1623. Auf dem Revers: LVBECENS &c.

halbe Speciesthaler.

Dergl. 1633. — Auf dem Avers: ROM. IMP. SEMP. AV. und auf dem Revers: — NOVA. LVBECENS.

Dergl. A.) Der gekrönte zweyköpfigte Reichsadler ohne Schein mit dem Reichsapfel, darinn die Zahl 16 auf der Brust. FERDINAND: II. D : G : ROM : IMP: SEMP: AV. R.) Johann der Täufer mit einem Lämmchen ꝛc. Zu beyden Seiten des Stadtwapens steht des Bürgermeisters **Hinrich Köhlers** Abzeichen und die Jahrzahl 1635. MONE: NOVA. LVBECENSI. mit von der Klähren Münzmeisterzeichen.

Dergl. A.) Der gekrönte zweyköpfigte Reichsadler ꝛc. FERDINAND: III: (II:) D : G: RO: IMP. SEM. A. R.) Johann der Täufer ꝛc. Zu beyden Seiten des Stadtwapens steht des Bürgermeisters **Hinrich Köhlers** Abzeichen und die Jahrzahl 1635. MONE. NOVA. LVBECENSI nebst Hint. von der Klähren Münzmeisterzeichen.

Dergl. 1640. Auf dem Avers — ROM — A. und auf dem Revers — LVBECENS.

Dergl. A.) Der gekrönte zweyköpfigte Adler, ohne Schein, mit dem Reichsapfel, darinn die Zahl 16. auf der Brust. FERDINAND III. D: G: ROM: IMP: SEMP: A. R.) Johann der Täufer ꝛc. Zur Rechten des Stadtwapens steht des Bürgermeisters **Christ. Gerdes** Wapen. MONE NOVA LVBECEN 1646. Darneben ein Stern, Hans Wilms Münzmeisterzeichen.

Dergl. A.) Der gekrönte zweyköpfigte Adler mit einem Schein und dem Reichsapfel, darinn 16 auf der Brust, Zwischen dem Schweif und den Füßen des Adlers steht die getheilte Jahrzahl 16—62.
LEO-

halbe Speciesthaler. 95

LEOPOLDVS, D:G:ROM:IMP:SEMP:AV: R.) Johann der Täufer und unter ihm das Stadtwapen, zu deſſen Rechten des Bürgermeiſters **Hermann von Dorne** Wapenſchild. MONETA. NOVA. LUBECENSIS. nebſt einem Arm mit einem Kleeblatt in der Hand Matthias Freude Münzmeiſter: zeichen.

> Von dieſen halben Reichsthalern hat gedachter Münz: meiſter 496 Stück verfertiget, welche 31 Mark löthig gewogen à 16 Stück auf die Mark. von Melle Anmer: kung zu den Lübeckiſchen Münzzeichnungen MS.

Dergl. A.) Der gekrönte zweyköpfigte Adler ohne Schein und auf der Bruſt der Reichsapfel, darinn 16. unten des Bürgermeiſters **Johann Ritters** Wapen und die Jahrzahl 1683 LEOPOLDVS:D: G:ROMA:I:S:A. R.) Johann der Täufer mit einem Schein um den Kopf und dem Lämmchen auf einem Buche im linken Arm, vor ſich das Stadt: wapen, darüber ein Engelskopf und darneben zur zur linken ein geharniſchter Arm mit einem Schwert Hans Ridders Münzmeiſterzeichen. MONETA. NOVA. LVBECENSIS.

Dergl.) A.) Der gekrönte zweyköpfigte Adler, ohne Schein um den Köpfen mit dem Stadtwapen auf der Bruſt und unten H. D. F. (Hermann Daniel Friderichſen). Umſchrift: JOSEPHVS. II. ROM. IMP. S. AVG. R.) Johann der Täufer im Bruſt: bilde, mit einem Schein um den Kopf und dem Lämmchen mit einer Siegesfahne auf dem Buche im linken Arm. MONETA. NOVA. LVBECENSIS. 1776.

> Dieſe halbe Species iſt, während des Münzens, vom Stempel des ganzen abgepräget.

4. Speciesthaler.

Vorläufige Bemerkung. Das in chronologischer Ordnung abgefaßte Verzeichniß lübeckischer Thaler, welches beym sel. Hrn. Hofrath **von Madai** in dem dritten Theil seines Thaler-Cabinets auf der 537. und ff. S. gefunden wird, fängt sich mit einem Thaler ohne Jahrzahl an, der im ersten Theil unter n. 2264, nach der von **Berend Arends** veranstalten Abbildung, beschrieben ist. In gedachtem Verzeichniß steht demselben kein Sternchen vorgesetzt, daher man gewiß seyn kann, daß der sel. Hr. Hofrath ihn nie gesehen hat. In einem Schreiben an den sel. Hrn. **Müller** vom 27. Dec. 1771. erkläret er sich also darüber: "**Dieser Thaler**, sagt er: **muß wohl** "**ehedem** in natura **existiret haben, weil er** "**von Arend angeführet und vorgestellet** "**worden ist. Es kann aber auch seyn, daß** "**der Holzschnitt fehlerhaft gerathen ist,** "**welches ich bey mehreren von ihm vor-** "**gestellten Thalern bemerket habe**". Es sey mir erlaubt, der Meinung dieses großen Münzkenners, auch die meinige beyzufügen. Ich bemerke, wenn ich die von **Arends** gelieferte Zeichnung dieses Thalers mit anderen der Zeit zu Lübeck ausgemünzten Geldsorten vergleiche, daß derselbe im Gepräge und in der alten Buchstabenschrift mit keiner andern lübeckischen Münze mehrere Aehnlichkeit hat, als nur allein mit einem alten Doppelschilling von gutem Silber, der in diesem Münzkabinet als der vierte in der Ordnung vorkommt. Ich finde weiter in dem Fragment einer Lübeckischen Münzchronik (Lüb. Anz. 1771. 19. St.) daß **Statius Wessel** der ältere, in den zwey Jahren, da er zu Lübeck Münzmeister war, nur einmal, nemlich 1528 gemünzet und nichts weiter als Doppelschillinge und Thaler gepräget habe; imgleichen zeiget mir die Originalhandschrift, daß die darinn vorkommende Zirkel mit der wirklichen Größe von beyden Sorten genau übereintreffe. Und nun halte ich mich von der Würklichkeit des Thalers und von der Richtigkeit des Holzschnittes hinlänglich überführt. Eben so begreiflich ist mir auch die ausserordentliche Seltenheit desselben. Denn, wie ist es wohl möglich, daß die ersten Thaler noch in großer Anzahl vorhanden seyn können, da uns der vormalige Pastor an St. Peter **Reimer Kock**, ein zuverläßiger einheimischer Schriftsteller, so wohl in seiner noch ungedruckten lübeckischen Chronik, als auch in seinem Calendario historico MS. versichert, daß zu seiner Zeit, nemlich 1540. eine Menge Thaler von den Lübeckern weggeschickt, in halben und viertel Tonnen eingeschift und bey entstandnen heftigen Sturm, da über 150 Schiffe mit einmal scheiterten am 24. Mart. oder in der stillen Woche im Oresunde durch Schiffbruch in die Ostsee gesunken sind. Es ist aber dieser durch **Statius Wessel** 1528. ausgemünzte Thaler keinesweges der älteste, dafür ihn der Verfasser des Fragments ausgiebt, sondern vielmehr der folgende.

Ein Thaler. A.) Der doppelte Adler. MONETA: NOVA: LVBICENSIS. 1702 (1502) ✝ R.) Johann der Täufer mit dem Lämmchen auf einem Buche im linken Arm, mit einem ovalen Schein umgeben und unter seinen Füßen das Lübeckische Wapen. SANCT. IOHANNES: BAPTIST. Die Umschriften in Mönchsbuchstaben.

von Madai Thaler-Cabinet 1. Th. n. 2263. 719. S.
Von Melle Nachr. von Lübeck 500. S.

Dergleichen von 1506.
von Melle ebendaf.

***Ein Thaler.** A.) S. Lorenz, der Wismarische Schutzheilige, mit einem Schein um den Kopf, in der rechten Hand ein Palmzweig und in der linken den Rost, worauf er gebraten ist. Zu seinen Füßen das völlige Stadtwapen. Die Umschrift in alten Buchstaben: MONETA : NOVA. WISMARIE. R.) Wapen der drey Städte Lübeck, Hamburg und Lüneburg, im Dreyeck gestellt und in der Mitte das kleine Wismarische Stadtwapen. STATVS. MARCE. LVBICENSIS. 1506. ✠ Wiegt 2 loth.

S. Hamburger Remarquen 1706. p. 73. Langermanns Hamburg. Münz= und Medaillen Vergnügen 51. St. von Madai I. Th. n. 2351. 744. S.

Dieses Stück ward 1772 im Febr. für 33 Mk. 8 ßl. und 1777 im Mai für 50 Mk. Lüb. Cour. verkauft.

Dergleichen. A.) Der zweyköpfigte Reichsadler, mit dem Stadtwapen auf der Brust. IMPERIALIS. CIVITATIS. LVBECENSIS. INSIGNE. 1528. R.) Kaiser Cars V. Brustbild von der linken Seite ohne Bart, in der Schaube, mit einem breiten Hute und offenem Munde, auch goldenen Vließ auf der Brust. In jeder Umschrift liegen 4 kleine Lilien. CAROLVS. QVINTVS. ROMANORVM. IMPERAT.

v. Monnoies en argent Wien 1756. fol. 338. S. von Madai I. Th. n. 2266. 720. S.

Dergl. A.) Der zweyköpfigte Reichsadler mit dem Stadtwapen auf der Brust. Vor der Umschrift eine Brömse. Darauf IMPERIALIS. dann wieder eine Brömse und darauf CIVITATIS dann ein Blatt und darauf LVBIC. (Insigne) 37 (1537) R.) Kaiser Carls

Speciesthaler.

Carls V. Brustbild, von der rechten Seite gestellt, mit einem Spitzbarte, im Mantel und einem Baret auf dem Haupte, nebst dem goldenen Vließe um den Hals. Umschrift: CAROLVS darauf.ein Blatt, dann QVINTVS und abermal ein Blatt, dann: CESAR. SEP. AG. (Semper Augustus) und zuletzt eine Brömse.

> **Anmerk.** Dieser Thaler ist unstreitig das seltenste Stück in dem ganzen Kabinet. Der sel. Hr. Gotthard Arnold Isselhorst, vormaliger ältester Bürgermeister dieser Stadt war der Besitzer desselben und aus dessen zu Hamburg verkauften Münzsammlung erhandelte ihn, wie wir aus dem Verkaufsprotocoll wissen, der selige Herr Müller für 55 Mk. 6 ßl. Die auf demselben zu dreyen Malen vorkommende Brömse hat ihre Beziehung nicht auf das Wapen sondern auf den Namen des sel. Herrn Nicolai von Brömsen, der diese Thaler 1537, nach seiner zweyjährigen Entfernung von dem Lübeckischen Rathsstuhl, als Ritter, Kaiserl. Geheimerath und ältester Bürgermeister von dem Münzmeister Jürg. Bockholt, der auf seinen Münzen ein Blatt zum Zeichen führte, hat ausprägen lassen.

S. Köhlers Münz-Belustigung 18. Theil. 145—171. S. von Madai Thaler-Cabinet 2 Th. n. 4977. imgl. dessen 2. Fortsetz. in den Zusätzen und Verbesserungen zum 2ten Theile. von Melle Nachricht von Lübeck 500. u. f. S. woselbst er, als der erste Brömsenthaler angeführt wird.

Dergl. A.) Kaiser Carls V. vorwärts sehendes Brustbild in einer breit aufgeschlagenen und verbrämten Schaube, einem Baretchen auf dem Haupte, goldenen Vließ auf der Brust und mit vor sich gehaltenen beyden Händen. IMP. CAROLVS· V: CESAR₃· NVLLI SECVGV (mit einem verkehrten G statt D) ✠ Rev.) Ein knieender geharnischter Mann, mit dem Schwert und Wapenschild, darauf der doppelte

Adler. Umschr: MONETA · CESAREÆ. CIVITATIS. Darauf eine Brömse und dann LVBECÆ 1537.

Ist der zweyte Brömsenthaler.

1. **Anmerk.** Die auf dem Avers in dem Worte CESARZ vorkommenden Abbreviatur erkläret der berüchtigte Krohn in dem 1. Th. seines zu Lübeck in Folio herausgekommen Adels-Lexicons durch Caesarum vnus. Er ward zwar vor dem Abdruck des Buches, von dieser falschen Leseart überzeugend überführet, allein er wollte sich diese seine irrige Meinung durchaus nicht nehmen lassen.

2. **Anmerk.** Man muß nicht meinen, daß der in dem Wapenschildchen vorkommende doppelte Adler das Lübeckische reichsstädtische Wapen anzeigen soll. Es ist das kaiserliche Gnadenzeichen, welches dem Brömsischen Geschlechte, wie dieser Bürgermeister nebst seinem Bruder D. Hinrich Brömse 1531. in den Adelstand erhoben ward, zu führen verstattet wurde.

Köhlers Münzbelust. 18. Th. 145—171. S. von Madai 2. Th. n, 4976. 781. S. von Melle Nachr. von Lübeck 501. u. f. S.

Dergl. A.) Kaiser Carls V. sonderlich gestaltetes und sehr zierliches Brustbild, von der rechten Seite gestellet, mit einem Spitzbarte, im Mantel, mit einem Baret auf dem Haupt und dem goldenen Vließ um den Hals. Umschr: IMP: CAROLVS · V : CESARZ. NVLLI. SECVDVS. ✠ R.) Ein kniender geharnischter Mann, der in der Rechten ein bloßes Schwert, vor sich aber ein Wapenschild hält, darinn der zweyköpfigte Adler zu sehen. Umschrift: Zu Anfang ein Blatt (das vorgedachte Münzmeisterzeichen) dann MONETA · CESAREÆ · CIVITATIS. Darauf eine Brömse und dann LVBECÆ 1537.

Ist der britte in diesem Jahr geprägte Brömsenthaler, der noch wohl zuweilen vorkommt und den eine Menge Schrift-

Speciesthaler.

steller beschrieben haben, als: **Berend Arend Münzbuch** 203. S. Verzeichn. von denen Adel. Famil. der Zirkel Gesellschaft in Lübeck 43. S. Hamb. histor. Remarquen 3te Woche, 17. Jan. 17. S. **Köhler Münz=Belustigun=** 18. Th. 145—171. S. **D. Joh. Christ. Kundmann** sonderbare Thaler. *J. H. a Seelen* selecta numaria p. 44— 56 oder p 53—67. **von Melle Abhandl. von den Lübeck.** Münzen in der Dreyerischen Sammlung 2. Th. 979. S. *Monnoies* en argent. p. 338. **von Madai Thaler=Cabinet** I. Th. n. 2265. 219. u. f. S. und in den Zusätzen und Verbesserungen zum ersten Theil, in der 2ten Fortsetzung. Hr. Licent. Joh Rud. Becker umständliche Geschichte der Stadt Lübeck 2. B. 116. u. f. S. **von Melle Nachr. von** Lübeck 41. Hauptst. 500—502. S.

Dergleichen doppelter von dem Stempel des einfachen genommen.
(**Albert Balemanns**) Thalersammlung n. 3574. 286. S.
Eben dieses Gepräge hat man auch in Gold, und zwar diversi ponderis (wie von Melle bey den eigenhändig entworfenen Zeichnungen der ältesten Lübeckischen Münzen bemerket) nemlich ganze und halbe Portugaleser.

* **Ein Thaler. A.**) Wapen der drey Hanseestädte Lübeck, Hamburg und Lüneburg im Triangel, dazwischen die vertheilte Jahrzahl 1541. in der Mitte der Lüneburgische Löwe in einem kleinen Schilde. STAT? DVA? MARCAR? LVBECN. **R.**) Die Wapen von Wismar, Stralsund und Rostock und abermal der Lüneburgische Löwe in der Mitte, nebst der auf gleiche Art vertheilten Jahrzahl 1541. MONET? CIVITAT'. WANDAL'.

Anmerk. Ein einfaches Lübeckisches Markstück war bey seinem Anfange auf den Werth von 16 Schill. gemünzt worden. Ein doppeltes galt also 32 Schill. als der damalige Werth eines Thalers.

S. **Langermanns** Hamb. Münz= u. Med. Vergnüg. 51. St. n. 2. 401. u. ff. S. **von Madai** 2. Th. n. 5016. 794. S.
(**Albert Balemanns**) Thalersammlung, Hamburg 1777. n. 3619. 289. S.

Dergl. A.) Kaiser Carls V. vorwärts sehendes zierliches Brustbild, mit einer breit aufgeschlagenen und verbrämten Schaube, mit einem Baret auf dem Haupte, goldenen Vließe auf der Brust und mit vor sich gehaltenen beyden Händen. IMP: CAROLVS : Vi CESAR3 . NVLLI . SECVDV ✠. R.) Johann der Täufer, mit einem Schein um den Kopf und dem Lämmchen auf einem Buche im linken Arm, vor sich den doppelten Adler in einem Schilde, darneben zu beyden Seiten die Jahrzahl 1544. MONETA . CESAREÆ . CIVITATIS . LVBECÆ. Vor dem dem letzten Worte steht **Gotthard von Hövelen** Abzeichen.

Wolff Stürmer Verzeichnüs 56. S.   Arend 203. S. Köhler 21. Th. auf der 10. Seite der Vorrede. von Melle Abhandl. 979. S.   von Madai 1. Th. u. 2267. 720. S. 2. Th. Zusätze und Verbesserungen.

*Ein Thaler. A.) S. Lorenz, der Wismarische Schutzheilige mit einem Schein um den Kopf, hält in der Rechten einen Palmzweig und in der Linken den Rost, worauf er gebraten ist. Zu seinen Füßen steht das Stadtwapen. MONETA : NOVA : WISMARIENS ✱ R.) Die Wapen der Städte Lübeck, Hamburg und Lüneburg im Dreyeck und in der Mitte ein kleines Wapen, das wahrscheinlich das Wismarische Stadtwapen seyn soll. STATVS : MANEE (Marce) LVBIEENSIS ✱ (Lubicenſis) Wiegt 2 Loth.

Ein höchst seltenes Stück. das in einer gewissen Münzauction mit 30 Mk. bezahlt ist.

Dergl. A.) Der zweyköpfigte Reichsadler und ganz unten in der Umschrift das Lübeckische Wapenschildchen MONETA. CESAREÆ. CIVITATIS. LVBECÆ. Am Ende dieser Umschrift eine Eichel, als des Münzmeisters Michael Eckhoffs Zeichen und zwischen dem

dem Worte Ciuitatis und Lubecae das Abzeichen des Bürgermeisters Gotthard von Hövelen, der 1555. gestorben ist. R.) Kaiser Carls V. vorwärts sehendes Bildniß in einer um die Schultern breit aufgeschlagenen und verbrämten Schaube, mit einem Baretchen auf dem Haupte und mit beyden vor sich liegenden Händen. Auf der Brust hängt das goldene Vließ und auf den Seiten steht die Jahrzahl 1546. IMP. CAROLVS. V. CESARS. NVLLI. SECVD ✚

von Madai 2. Th. n. 4978. 782. S.

Dergl. A.) Der Reichsadler. MONETA. NOVA. LVBICENSIS. 1546. nebst Mich. Eckhoffs Münzmeisterzeichen. Rev.) Der heilige Johannes mit dem Lamme und vor ihm das Stadtwapen. Umschr: CIVITATIS. (Darneben des Bürgerm. Gotth. v. Hövelen Abzeichen und eine Blume) IMPERIALIS. nebst Eckhoffs Münzmeisterzeichen.

Arend 204. S. von Melle Abhandl. 980. S. Mon. en arg. p. 338. von Madai Thaler-Cabinet 1. Th. n. 2268. 721. S. 2. Th. Zus. u. Verbesser. zum 1. Th.

Dergleichen doppelter 1546. von dem Stempel des einfachen.

Dergl. A.) Der zweyköpfigte Reichsadler. MONETA. NOVA. LVBICENSIS. 1549. Darneben der Kopf eines Thieres, Joach. Tiele Münzmeisterzeichen. R.) Der Schutzheilige, Johann der Täufer, nebst dem Lamme mit der Siegesfahne auf einem Buche im linken Arm und vor ihm das Stadtwapen. CIVITATIS. IMPERIALIS. In der Umschrift steht über den Kopf des Täufers Joach. Tiele Münzmeisterzeichen und bey dem Stadtwapen zur Rechten des Bürgerm. Gotthard von Hövelen und zur

Linken des Bürgermeisters **Anton von Stiten** Abzeichen.

> von Melle Abhandl. 980.! S.   Mon. en arg. p. 338.
> v. Madai 2. Th. n. 4979. 2. Fortsetz. in den Zusätzen und Verbesserungen zum 2ten Th.

Dergl. A.) Der gekrönte zweyköpfigte Adler mit dem Reichsapfel auf der Brust darinn die Wehrtzahl 32 (die 3 ist verkehrt) CAROLI. V. IMP. AVG. P. F. DECRETO. R.) Johann der Schutzheilige mit dem Lämmchen auf einem Buche im linken Arm, mit einem ovalen Schein umgeben und unter seinen Füßen das Lübeckische Wapenschildchen. Bey dem Haupte desselben stehen in der Umschrift die Abzeichen der Bürgermeister **Gotthard von Hövelen** und **Anton von Stiten**, und zur Linken des Münzmeisters Joach. Tiele Zeichen. Zwischen der Umschrift und dem Scheine dieses Heiligen ist ein bogenförmiger Kranz gezogen. MONETA. NOVA. LVBICENSIS.

> Anmerk. Der sel. Herr Senior von Melle muß diesen Thaler nie gesehen haben; denn sonst hätte er nicht in seiner Abhandlung von den Lübeckischen Münzen auf der 981. S. behauptet, daß man erst seit dem Jahre 1573 angefangen habe die Wehrtzahl 32 (Schill.) in den Reichsapfel zu setzen.

von Madai 2. Th. n. 4980. 783. S. ingl. 2. Fortsetzung in den Zusätzen und Verbesserungen zum 1. Theil.

Dergl. A.) Der zweyköpfigte Reichsadler. MONETA. NOVA. LVBICENSIS. 1549. nebst dem Münzmeisterzeichen und zur Rechten des Stadtwapens des Bürgermeisters **Anton von Stiten**, zur linken aber des Bürgermeisters **Nicol. Bardewick** Abzeichen.

> von Melle 980. S.   Mon. en arg. p. 338.   von Madai 2. Th. n. 4979. 782. S. 2. Fortsetz. in den Zusätz. und Verbess. zum 2. Th.

Dergl.

Dergleichen doppelter von 1549. mit dem Stempel des einfachen.
(Albert Balemanns) Thalersammlung n. 3577. 287. S.

Dergl A.) Der zweyköpfigte Reichsadler MONETA. NOVA. LVBICENSIS. 1555. Darneben Joachim Tiele Münzmeisterzeichen. R.) Johann der Täufer mit dem Lamme ꝛc. und dem Stadtwapen unten. Neben demselben zur Rechten des Bürgermeisters Anton von Stiten und zur linken des Bürgermeisters Nic. Bardewicks Abzeichen. CIVITATIS. IMPERIALIS.
von Madai 2 Th. n. 4983. 784. S. 2. Fortsetzung in den Zusätzen und Verbesserungen zum 2 Th.

Dergl. A.) Der zweyköpfigte Reichsadler MONETA. NOVA. LVBECENSIS. 1559. Darneben ein Vögelchen Joach. Dalemanns Münzmeisterzeichen. R.) Johann der Täufer mit dem Lamme ꝛc. und vor ihm auch das Stadtwapen. Hierneben auf beyden Seiten des Bürgermeisters Anton von Stiten Abzeichen. Oben abermals das Vögelchen. CIVITATIS IMPERIALIS.
Wolff Stürmer 32. S. *Molan.* P. 3. n. 242. p. 770. von Melle Abhandl. 980. S. von Madai 2 Th. n. 4984. 784. S.

Dergleichen 1559. von einem andern Stempel. Wiegt 1½ Thaler.

Dergl. A.) Der Kaiserliche Reichsadler. Darüber des Münzmeisters Vögelchen. MONETA. NOVA. LVBECENSIS. 1559 R.) Johann der Täufer mit dem Lamme ꝛc. und Stadtwapen. Darneben auf beyden Seiten des Bürgermeisters Ambrosii Meyers Abzeichen. Oben abermals das Vögelchen. CIVITATIS. IMPERIALIS.
von Melle Abhandl. 980. S. von Madai 2. Th. n. 4985. 784. S.

Dergl. A) Der gekrönte zweyköpfigte Adler, auf dessen Brust der Reichsapfel, darinn die Werthzahl 27. 6. welche andeutet, daß der ganze Reichsthaler dazumal 27. ß und 6 ₰, so wie der halbe 13 ß 9 ₰ gegolten habe MAXIMILIAN· II· D. G. IMP. SE. AVGV. R.) Johann der Täufer mit dem Lamme ꝛc. und unten das Wapen der Stadt. Darneben zu beyden Seiten ein gekröntes und in der Mitte gespaltenes Herz, als des Bürgermeisters **Ambrosii Meyers** Abzeichen. MONETA. NOVA. LVBECENS. 1568. Darneben das Vögelchen.
>Arend 203. S. v. Melle Abhandl. 980. S. u. Nachr. von Lübeck 504. S. von Madai I Th. n. 2271. 721. u. f. S. u. 2 Th. in den Zusätzen und Verbesserungen zum 1. Th.

Dergl. A.) Der gekrönte zweyköpfigte Adler, mit dem Reichsapfel, darinn 32 auf der Brust. MAXIMILIAN. II. D. G. IMP. SE. AVGV. R.) Johann der Täufer mit dem Lamme ꝛc. und Stadtwapen zu dessen beyden Seiten 2 Scheffel, des Bürgermeisters **Hieronymi von Lüneburg** Abzeichen. MONETA. NOVA. LVBECENS. 1573.
>von Melle Abhandl. 981. S. von Madai 2 T. n. 4986. 784. S. Den von Mauritz Cuno in dem I Th. n. 28. 79. S. des alten und neuen Betrugs unter den Reichsthalern angeführten falschen Abdruck dieses Thalers hat weder der sel. Herr Hofr. von Madai noch Herr Müller gesehen.

Dergleichen A.) von 1576
>Mon. en. arg. pag. 338. von Madai ebendas.

Dergl. falsche von dem Jahre 1576. der inwendig Messing und mit silbern Blech künstlich überzogen ist.
>von Madai 2. Fortsetz. des Thaler-Cabinets, in den Zusätzen und Verbesserungen zum 2. Th.

Dergl. von 1578.
>von Melle Abhandl. 981. S. **von Madai** 2. Th n. 4986. 784. S.

Dergl.

Speciesthaler.

Dergl. 1579.
 Arend 205. S. von Madai ebendas.
Dergl. 1579. A.) Der gekrönte doppelte Adler ꝛc. RVDOLPHVS II. u. s. w.
Dergl. A.) Der gekrönte zweyköpfigte Adler mit einem Schein und mit einem Reichsapfel auf der Brust, darinn 32 RVDOLPHVS. II. D. G. IMP. SE. AVGV. R.) Johann der Täufer mit dem Lamme ꝛc. und vor sich das Stadtwapen. Darneben zu beyden Seiten ein Stern, des Bürgermeisters **Hinr. Plönnies** Abzeichen. MONETA. NOVA. LVBECENS. 1580. Darneben ein Vögelchen, das **Dalemannische** Münzmeisterzeichen.
 von Madai 2 Th. n. 4987. 785. S.
Dergl. A.) Der gekrönte kaiserliche Adler mit dem Reichsapfel, darinn 32 auf der Brust. RVDOLPHVS. II. D. G. IMP. SE. AVGV. R.) Der heilige Johannes, wie auf den vorhergehenden. Neben dem Wapen auf beyden Seiten das Abzeichen des Bürgermeisters **Johann Brokes.** MONETA. NOVA. LVBECENS. 1581. Darneben eine Blume, **Jürg. Roethusens** Münzmeisterzeichen.
 von Melle Abhandl. 982. S. von Madai 2 Th. n. 4988. 789. S. 2. Fortsetz. Zusätze und Verbess. zum 2. Th.
Dergleichen doppelter 1581. von dem Stempel des einfachen (†)

             Dergl.

(†) Dergl. A.) Der gekrönte zweyköpfigte Adler ꝛc. mit dem Reichsapfel, darinn 32 auf der Brust. RVDOLPHVS. II. D. G. IMP. SE. AVGV. R.) Der heil. Johannes, wie auf den vorhergehenden. Neben dem Wapen auf beyden Seiten das Abzeichen des Bürgermeisters Johann Brokes MONETA. NOVA. LVBECENS. 1582. Darneben Jürg. Roethusen Münzmeisterzeichen.
Mon. en arg. p. 338. von Melle Abhandl. 982. S. von Madai ebendas.

Dergl. doppelter 1582. von dem Stempel des einfachen.
Dergl. 1583. mit Claes Roethusen Münzmeister=
zeichen. (†)
Dergl. A.) Der gekrönte kaiserliche Adler, mit dem
Reichsapfel, darinn 32 auf der Brust. RVDOLPHVS.
II. D. G. IMP. SE. AVGV. R.) Johann der Schutz=
heilige ꝛc. Zu beyden Seiten des Stadtwapens steht
des Bürgermeisters **Hermann von Dorne** Ab=
zeichen. MONETA. NOVA. LVBECENS. 1585. nebst
Claes Roethusens Münzmeisterzeichen.
Dergl. 1587. Auf dem Avers — AVGVS —.
Dergl. 1588. (††)
Dergl. A.) Der gekrönte zweyköpfigte Adler, mit dem
Reichsapfel darinn 32 auf der Brust. RVDOLPHVS.
II. D. G. IMP. CE (SEmper) AVGVS. R.) Johannes
der Schutzheilige ꝛc. Zu beyden Seiten des Stadt=
wapens steht des Bürgermeisters **Hermann von
Torne** Abzeichen. MONETA. NOVA. LVBECENS.
90. (1590.) nebst Claes Roethusen Münzmeister=
zeichen.
   von Melle und von Madai ebendas.
Dergl. A.) Der gekrönte kaiserliche Adler, mit dem
Reichsapfel, darinn 32 auf der Brust. RVDOLPHVS.
II. D. G. IMP. CE (SEmper) AVGVS. Rev.) Der
Schutzheilige, wie auf den vorhergehenden. Zu beyden
Seiten des Stadtwapens des Bürgermeisters **Her=
mann von Dorne** Abzeichen. MONETA. NOVA.
LVBECENS. 1561. nebst Claes Roethusen
Münzmeisterzeichen.
   Arend 206. S. *Molan.* P. 3. u. 243. p. 771.
Dergl.

(†) Dergl. 1584.
(††) Dergl. 1589.

Dergl. A.) Der gekrönte Reichsadler, mit 32 auf der Brust, im Reichsapfel. RVDOLPHVS. II. D. G. IMP. SE. AVGVS. R.) Johannes des Schutzheilige, wie bey den vorhergehenden, auch mit dem Abzeichen des Bürgermeisters **Hermann von Dorne** zu beyden Seiten. MONETA. NOVA. LVBECENS. 92 (1592) mit gedachtem Münzmeisterzeichen.

<small>Arend 206. S. von Melle Abhandl. 982. S. von Madai 2 Th. n. 4989. 785. S.</small>

Dergl. 92 (1592) nur das die Köpfe des Reichsadlers mit keinem Schein umgeben sind. (†)

Dergl. A.) Der gekrönte Reichsadler mit 32 auf der Brust im Reichsapfel. RVDOLPHVS II. D. G. IMP. SE. AVGVS. R.) Johann der Täufer ꝛc. mit dem nämlichen Abzeichen. MONETA. NOVA. LVBECENS. 93. (1593.) Darneben das Münzmeisterzeichen.

Dergl. A.) Der gekrönte Reichsadler mit 16 auf der Brust im Reichsapfel. RVDOLPHVS II. D. G. IMP. SE. AVGVS. R.) Johann der Täufer ꝛc. mit des Bürgermeisters **Hermann von Dorne** Abzeichen, unten zu beyden Seiten des Stadtwapens. MONETA. NOVA LVBECENS. 93. (1593.) nebst **Claes Roethusen** Münzmeisterzeichen.

<small>Ist von dem halben Speciesthaler-Stempel abgeprägt.</small>

<small>(Albert Balemanns) Thalersammlung Hamb. 1777. n. 3581. 287. S.</small>

Dergl. A.) Der gekrönte Reichsadler, mit dem Reichsapfel, darinn 32 auf der Brust. RVDOLPHVS II. D. G. IMP. SE. AVGVS. R.) Der Schutzheilige Johann der Täufer ꝛc. Zu beyden Seiten des Stadtwapens steht eine Brömse, das Abzeichen des Bürger-

---

(†) Dergl. 92 (1592.) doppelter vom Stempel des einfachen.

germeisters **Diderich von Brömse.** MONETA. NOVA. LVBECENS. 94 (1594.) nebst **Claes Roethusen** Münzmeisterzeichen=

<small>von Melle Abhandl. 982. S. Köhler Münzbelust. 18. Th. 16?. S. von Madai n. 4990. 785. u. f. S. (Albert Balemanns) ebendas. u. 3285. 287. S.</small>

Dergl. 94 (1594.) nur daß die Köpfe des Adlers mit keinem Schein umgeben sind.

Dergl. 94 (1594.) doppelter, von dem Stempel des einfachen.

<small>(Albert Balemanns) Thalersammlung n 3583. 287. S.</small>

Dergl. A.) Der gekrönte zweyköpfigte Adler, mit dem Reichsapfel auf der Brust, darinn 32. Umschrift: RVDOLPHVS. II. D. G. IMP. SE. AVGVST. R.) Johann der Täufer ꝛc. Unten zur Linken des Stadt= wapens steht eine Brömse, des Bürgermeisters **Diderich von Brömsen** Abzeichen. MONETA. NOVA. LVBECENS. 1595 Darneben die Blume **Claes Roethusen** Münzmeisterzeichen.

<small>von Melle Abhandl. 982. S. Köhler 18. Th. 146. S. Die Abbildung ist fehlerhaft. Mon. en arg. p. 339. von Madai 2 Th. n. 4991. 786. S.</small>

Dergl. 1595. Ein doppelter von dem Stempel des einfachen.

Dergl. A.) Der gekrönte Reichsadler auf dessen Brust der Reichsapfel, mit der Zahl 32 darinn RVDOLPHVS II. D. G. IMP. SE. AVGVS. R.) Johann der Täufer ꝛc. Unten zur Rechten des Stadtwapens eine Brömse, des Bürgermeisters **Diderichs von Brömse** Abzeichen. MONETA. NOVA. LVBECENS. 1596. nebst der Blume, **Claes Roethusen** Münzmeisterzeichen.

<small>von Melle Abhandl. 982. S. Köhler 18. Th. 147. S. von Madai 2 Th. n. 4992. 787. S.</small>

Dergl.

Speciesthaler.

Dergl. von 1597. mit der Brömse.
> von Melle u. Köhler II. cc. von Madai 2. Th. n. 4993. 787. S.

Dergl. von 1599. mit der Brömse.
> von Madai 2. Th. n. 4993. 787. S.

Dergl. von 1600. mit der Brömse. Ist ein doppelter Speciesthaler, von dem Stempel des einfachen.
> von Melle, Köhler und von Madai in den angeführten Stellen. (†)

Dergleichen von (1601.)
> von Melle Abhandl. 982. S. von Madai 2. Th. n. 4994 787. u. f. S.

Dergleichen. A.) Der gekrönte doppelte Adler mit dem Reichsapfel, darinn 32 auf der Brust. RVDOLPHVS. II. D. G. IMP. SE. AVGVS. R.) Der Schutzheilige, wie auf dem vorhergehenden abgebildet. Unten zur Rechten des Stadtwapens steht des Bürgermeisters **Gotthard von Hövelen** vollständiges Wapen. MONETA. NOVA. LVBECENS. 602 (1602.) nebst Cl. Roethusen Münzmeisterzeichen.

> von Melle Abhandl. 982. S. von Madai 2. Th. n. 4994. 787. u. f. S.

Dergl. von 603. (1603.) mit der Lilie, nach der Jahrzahl, als dem Münzmeisterzeichen Statii Wessels, des jüngern. ꝛc.

Dergl.

(†) Dergl. A.) Der gekrönte Reichsadler ꝛc. mit dem Reichsapfel, darinn 32 auf der Brust. RVDOLPHVS II. D. G. IMP. SE. AVGVS. R.) Johann der Täufer mit dem Lamme ꝛc. und dem Stadtwapen vor sich. Darneben zur Rechten des Bürgermeisters Gotthard von Hövelen Abzeichen. MONETA. NOVA. LVBECENS. 1600. Darneben eine Blume Cl. Roethusen Münzmeisterzeichen.

Dergl. von 604. (1604.)
Dergl. von 605. (1605) nur daß die Jahrzahl nicht nach der Umschrift sondern unten bey dem Wapen gesetzt ist.
Dergl. 607.
Dergl. 608.
Dergl. 609.

Ein breiter Thaler. A.) Der gekrönte Reichsadler, ohne Schein um den Köpfen, in deren Mitte ein Kreuß ist. Auf der Brust befindet sich das Stadtwapen und unten des Bürgermeisters **Gotthard v. Hövelen** Wapenschildchen. Umschr. ADVERSVS. HOSTES . NVLLA . PRAETEREVNDA . EST. OCCASIO. R.) Johann der Täufer mit ausgebreitetem Gewande. Im linken Arm trägt er das Lamm Gottes mit der Siegesfahne auf einem Buche und mit der rechten Hand zeiget er darauf. Unten zwischen den Füßen steht die Lilie, das Münzmeisterzeichen Statii Wessels. Umschr. MEDIOCRITAS. IN . OMNI . RE . EST . OPTIMA .

Ist zwischen 1603 und 1609. gepräget.
von Melle Abhandl. 985. S. von Madai I. Th. n. 2272. 722. S.

Dergl. Ein und ein halber Thaler von dem Stempel des einfachen.
Molan. P. 3. n. 241. p. 770.

Dergleichen doppelter von dem Stempel des einfachen.
Dergleichen dreyfacher von dem Stempel des einfachen.
Dergleichen vierfacher von dem Stempel des einfachen.

Dergl. A.) Der gekrönte Reichsadler zwischen dessen Köpfen ein Kreuz, auf der Brust das Stadtwapen und unten des Bürgermeisters **Alexander Lüneburgs** Wapen. Umschr. ADVERSVS . HOSTES . NVLLA . PRAETEREVNDA . EST . OCCASIO.
R.)

Speciesthaler.

Revers) Johann der Täufer mit ausgebreitetem Gewande ꝛc. wie bey den vorhergehenden und mit dem Münzmeisterzeichen Statii Wessels. MEDIOCRITAS. IN. OMNI. RE. EST. OPTIMA.
    Zwischen 1609. und 1616. geprägt.
von Melle 985. S. von Madai 1 Th. n 2272. 722. S.

Dergl. ein und ein halber Thaler von dem Stempel des einfachen.

Dergl. doppelter von dem Stempel des einfachen.

Dergl. A.) Der gekrönte zweyköpfigte Reichsadler mit einem Kreuz zwischen den Köpfen. Auf der Brust das Stadtwapen und unten des Bürgermeisters Alexand. von Lüneburg Wapen. Umschr. ADVERSVS. HOSTES. NVLLA: PRÆTEREVNDA. EST. OCCASio. R.) Johannes der Schutzheilige mit ausgebreitetem Gewande u. s. w. Umschrift: MEDIOCRITAS. IN. OMNI. RE. EST. OPTIMA. nebst einem Posthorn, dem Zeichen des Münzmeisters (Ilehorn).
    Entweder 1617. oder 1618. geprägt.

Dergl. Av.) Der gekrönte zweyköpfigte Adler ohne Schein, mit einem Kreuz zwischen den Köpfen. Auf der Brust das Stadtwapen und unten des Bürgermeisters Alexanders von Lüneburg Wapenschild. ADVERSVS. HOSTES. NVLLA. PRÆTEREVNDA. E. OCCASI. R.) Johann der Täufer im ausgebreitetem Gewande ꝛc. und unten an der linken Seite ein Baum. MEDIOCRITAS. IN. OMNI. RE. EST. OPTIMA. nebst der Sonne, des Münzmeisters Hinr. von der Klähren Abzeichen.
    Zwischen 1619. und 1627. geprägt.

Dergl. darauf der Reichsadler mit einem Schein vorkommt.

                                                       Dergl.

Dergl. ein und ein halber Thaler, von dem Stempel des einfachen.

Dergl. doppelter von dem Stempel des einfachen.

Dergl. vierfacher von dem Stempel des einfachen.
Von allen diesen s. von Melle Abhandl. 985. S. von Madai Thaler-Cabinet 1. Th. n. 2272. 722. S.

Dergleichen. A.) Der gekrönte zweyköpfigte Adler, auf dessen Brust der Reichsapfel mit der Zahl 32. RVDOLPHVS II. D. G. IMP. SE. AVGVS. R.) Der heilige Johannes mit dem Lamme ꝛc. Zu beyden Seiten des Stadtwapens erblickt man des Bürgermeisters **Alexanders von Lüneburg** Abzeichen und die Jahrzahl 609. (1609.) MONETA. NOVA. LVBECENS. Darneben eine Lilie, Statii Wessels Münzmeisterzeichen.
von Melle Abhandl. 982. S. von Madai 2 Th. n. 4994. 787. S.

Dergl. 1610. MONE. NOVA LVBECENS.

Dergl. 1611.

Dergl. 1611. Ein doppelter von dem Stempel des einfachen.

Dergl. 1611.
vid. de Gudeni Cabinetsthaler n. 567.

Dergl. A.) Der gekrönte Reichsadler mit dem Reichsapfel auf der Brust, darinn 32. MATTHIAS. I. D. G. IMP. SE. AVGVS. R.) Johann der Täufer mit dem Lamme ꝛc. Zu beyden Seiten des Stadtwapens findet sich des Bürgermeisters **Alexanders von Lüneburg** Abzeichen und die Jahrzahl 1612 Umschrift: MONE. NOVA. LVBECENS. nebst der Lilie.
de Gudeni n. 567. von Melle Abhandl. 982. S. von Madai 2 Th. n. 4995. 788. S.

Dergl.

Dergl. 1613.

Dergl. 1614. Auf dem Revers lautet die Umschrift so MONETA. NO. LVBICENS. &c.

Dergl. 1615.

Dergl. 1616. In der Umschrift des Revers MONE. NOVA. —

Dergl. 1619. Nach der Umschrift des Revers steht die Sonne, H. von der Klähren Münzmeisterzeichen.

Dergl. 1619. Die Adlersköpfe sind mit keinem Schein umgeben.

Dergleichen. A.) Der gekrönte zweyköpfigte Reichsadler mit dem Reichsapfel auf der Brust, darinn die Zahl 32. FERDINAND II. D. G. RO. IM. SE. AV. R.) Johann der Schutzheilige mit dem Lamme rc. Zu beyden Seiten des Stadtwapens steht des Bürgermeisters Alexanders von Lüneburg Abzeichen und die Jahrzahl 1620. MONE. NOVA. LVBECENS nebst der Sonne, des Münzmeisters Hint. von der Klähren Abzeichen.

von Melle Abhandl. 982. S. von Madai 2 Th. n. 4996. 788. S.

Dergl. 1621.

Dergl. 1622.

Dergl. 1623.

Dergl. A.) Der gekrönte zweyköpfigte Reichsadler, mit dem Reichsapfel auf der Brust, darinn 32. FERDINAND. II. D. G. IMP. SEM. AV. R.) Johann der Täufer rc. wie auf den vorhergehenden, nebst der Jahrzahl 1624. MONE. NOVA. LVBECENS. Darneben die Sonne.

> Ist ein doppelter Speciesthaler von dem Stempel des einfachen.

von Melle und von Madai ebendas.

Dergl.

Dergl. A.) Der gekrönte zweyköpfigte Reichsadler im Hauptschein mit dem Reichsapfel auf der Brust, darinn die Zahl 32. FERDINAND. II. D. G. RO. IMP. AV. R.) Johann der Täufer mit dem Lamme ꝛc. Zu beyden Seiten des Stadtwapens des Bürgermeisters **Alexanders von Lüneburg** Abzeichen, mit der Jahrzahl 1625. MONE. NOVA. LVBECENS. Darneben dasselbe Münzmeisterzeichen.

von Melle Abhandl. 982. S. D. Gottfr. D. Hoffmanns Raths u. Professors zu Tübingen vermischte Beobachtungen aus dem Teutschen Staatsgeschichten und Rechten, 2. Th. 1761. 175—188. S.

Dergl. 1625. Der Reichsadler ohne Hauptschein.
von Melle und Hoffmann ebendas.

Dergl. 1626.
von Melle 982. S. von Madai 2. Th. n. 4996. 788. S.

Dergl. 1626. Ein vierfacher von dem Stempel des einfachen.

Dergl. 1627.

Dergl. A.) Der gekrönte zweyköpfigte Adler mit dem Reichsapfel, darinn 32 auf der Brust. FERDINAND. II. D. G. RO. IMP. SEMP. AV. R.) Johann der Täufer ꝛc. Zu beyden Seiten des Bürgermeisters Doct. **Lorenz Möllers** Abzeichen, nebst der Jahrzahl 1627. MONE. NOVA. LVBECENSI. Darneben Hinr. von der Klähren Münzmeisterzeichen.
von Madai 2 Th. n. 4997. 788. S.

Dergl. A.) Der gekrönte zweyköpfigte Adler, mit der Zahl 32, in dem auf der Brust befindlichen Reichsapfel. FERDINAND II. D. G. RO. IMP. SEMP. AV. R.) Johann der Täufer ꝛc. Dem Stadtwapen zur Rechten steht des Bürgermeisters Doct. **Lorenz Möllers** und zur Linken des Bürgermeister Hinr. Köh-

Köhlers Abzeichen und die Jahrzahl 1627. MONE.
NOV. LVBECENS. Darneben das vorgedachte
Münzmeisterzeichen.
> von Melle Abhandl. 982. S. von Madai 2 Th. n. 4997.
788. S. dessen 2. Fortsetz. in den Zusätzen und Verbesserungen zum 2. Th.

Dergl. doppelter 1627. vom Stempel des einfachen.

Dergl. 1628.

Dergl. 1628. mit dem Unterschied, daß auf dem Rev. des Bürgermeisters Hinr. Köhlers Abzeichen zur Rechten, und des Bürgermeisters Doct. Lorenz Möllers seines zur Linken vorkommt.

Dergl. doppelter 1628. nur daß die Adlersköpfe mit keinem Schein umgeben sind.

Dergl. 1629. mit dem Schein.

Dergl. 1630.

Dergl. 1631.
> von Melle 982. S. Mon. en arg. p. 339. von Madai 2. Th. n. 4997. 788. S. it, 2. Fortsetz. in den Zusätzen und Verbesserungen zum 2. Th.

Dergl. 1632.

Dergl. 1633.

Dergl. 1633. Die Adlersköpfe sind mit keinem Schein umgeben,

Dergl. 1634.

Dergl. A.) Der gekrönte Reichsadler, mit der Zahl 32 in dem auf der Brust befindlichen Reichsapfel. FERDINAND II. D. G. RO. IMP. SEMP. AV. R.) Johann der Täufer ꝛc. mit des Bürgermeist. Hinr. Köhlers Abzeichen zu beyden Seiten des Stadtwapens und der Jahrzahl 1634. MONE. NOVA. LVBECENS. worauf das vorgedachte Münzmeisterzeichen folget.
> von Melle Abhandl. 982. S. von Madai 2 Th. n. 4998. 789. S.

Speciesthaler.

Dergl. A.) Der zweyköpfigte Adler, mit der Zahl 32. in dem auf der Brust befindlichen Reichsapfel. FERDINAND II. D. G. ROM. IMP. SEMP. AV. R.) Johann der Täufer ꝛc. mit des Bürgermeisters **Hinrich Köhlers** Abzeichen zur Rechten und des Bürgermeisters Doct. **Lorenz Möllers** seines zur linken des Stadtwapens und der Jahrzahl 1635. MONE. NOVA. LVBECENS. darneben **Hinr. v. d. Klähren** Münzmeisterzeichen.

Dergl. A.) Der gekrönte zweyköpfigte Adler mit der Zahl 32, in dem auf der Brust befindlichen Reichsapfel. FERDINAND II. D. G. RO. IMP. SEMP. A. R.) Johann der Täufer ꝛc. Des Bürgermeisters **Hinrich Köhlers** Abzeichen steht zu beyden Seiten des Stadtwapens und der Jahrzahl 1635. MONE. NOVA. LVBECENS. Darneben das vorgedachte Münzmeisterzeichen.

von Melle Abhandl. 982. S. von Madai 2. Th. n. 4998. 3. Fortsetz. n. 7190. 413. S.

Dergl. 1636.

Dergl. 1637.

Dergleichen. A.) Der gekrönte zweyköpfigte Adler mit der Zahl 32, in dem auf der Brust befindlichen Reichsapfel. FERDINAND. III. D. G. RO. IMP. SEMP. AV. R.) Johann der Schutzheilige mit dem Lamme ꝛc. Zu beyden Seiten des Stadtwapens steht des Bürgermeisters **Hinr. Köhlers** Abzeichen und die Jahrzahl 1638. MONE. NOVA. LVBECENS. Darneben Hinrich von der Klähren Münzmeisterzeichen.

von Melle Abhandl. 982. S. von Madai n. 4998. 789. S.

Dergl. 1639.

von Melle u. von Madai ebendas. Köhler 19. Th. 137. S.

Dergl.

Dergl. 1639. nur daß **Köhlers** Wapen zur Rechten und die Jahrzahl zur Linken des Stadtwapens steht.

Dergl. A.) Der gekrönte zweyköpfigte Adler mit der Zahl 32, in dem auf der Brust befindlichen Reichsapfel. FERDINAND III. D. G. RO. IMP. SEMP. AV. Rev.) Johann der Täufer mit dem Lamme ꝛc. Zur Rechten des Stadtwapens steht des Bürgermeisters **Hinrich Köhlers** Wapen und die Jahrzahl 1640. zu beyden Seiten. MONE. NOVA. LVBECNS. darneben das Münzmeisterzeichen.

von Melle Abhandl. 982. S. von Madai 2. Th. n. 4998. 789. S. und 2. Fortsetz. in den Zusätzen und Verbesserungen zum 2. Th.

Dergl. A.) Der gekrönte zweyköpfigte Reichsadler, mit der Zahl 32 in dem auf der Brust befindlichen Reichsapfel. FERDINAND. III. D. G. RO. IMP. SEMP. AV. Rev.) Johann der Täufer mit dem Lamme ꝛc. Zur Rechten des Stadtwapens steht des Bürgermeisters **Christ. Gerdes** Wapenschildchen. MONE. NOVA. LVBECENS. 1641. nebst dem Münzmeisterzeichen.

von Melle Abhandl. 982. S. von Madai 2 Th. n. 4999. 789. S.

Dergl. A.) Der gekrönte zweyköpfigte Reichsadler, ohne Schein, mit der Zahl 32 in dem auf der Brust befindlichen Reichsapfel. FERDINAND III: D. G: RO: IMP. SEMP. AV. R.) Johann der Täufer ꝛc. Zur Rechten des Stadtwapens steht des Bürgermeisters **Hinr. Köhlers** Wapen. MONE. NOVA: LVBECEN. 1642. und des Münzmeisters Hinrich von der Klähren Zeichen.

Dieser Speciesthaler ist mit einem Rußischen Stempel von 1655 und dem Ritter S. Georg contrasignirt. Auch ist der Revers von einem Stempel des vorigen Jahres, wor-

worauf deutlich zu sehen ist, daß aus der 1 eine 2 gemacht worden. Dergleichen Veränderungen erblickt man auch auf den Thalern von 1647 und 49. da aus der 6 eine 7 und aus der 8 eine 9 gemacht ist.

Dergl. A.) Der gekrönte zweyköpfigte Adler, ohne Schein, mit der Zahl 32, in dem auf der Brust befindlichen Reichsapfel. FERDINAND. III: D: G: RO: IMP: SEMP: AV. R.) Johann der Täufer 2c. Zur Rechten des Stadtwapens steht des Bürgermeisters **Christ. Gerdes** Wapen. MONE: NOVA. LVBECE. 1645. Darneben ein Stern, Hans Wilms Münzmeisterzeichen.

Dergl. A.) Der gekrönte zweyköpfigte Adler 2c. mit der Zahl 32 in dem auf der Brust befindlichen Reichsapfel. FERDINAND. III: D: G: RO: IMP: SEMP: AVG. R.) Johann der Täufer 2c. Zur linken des Stadtwapens steht des Bürgermeisters **Christoph Gerdes** Wapenschildchen. MONE. NOVA. LVBECENS. 1646. und dem vorgedachten Münzmeisterzeichen.

von Melle Abhandl. 982 S. von Madai 2 Th. n. 4999. 789. u. f. S.

Dergl. 1647. (†)

Dergl. 1649.

Dergl. A.) Der zweyköpfigte Reichsadler, ohne Schein, mit der Zahl 32, in dem auf der Brust befindlichen Reichsapfel. FERDINAND. III. D. G. RO. IMP. SEMP. AV. R.) Johann der Täufer 2c. mit dem Wapen des Bürgermeisters **Christoph Gerdes** zur Rechten des Stadtwapens. MONE. NOVA. LV-

---

(†) Dergl. 1648.

LVBECE. 1650. darneben das vorgedachte Münzmeisterzeichen.

von Melle Abhandl. 982. S. Mon. en arg. p. 339. von
Madai n. 4999 789. u. f. S.

Dergl. A.) Der gekrönte zweyköpfigte Reichsadler, mit
der Zahl 32, in dem auf der Brust des Adlers befindlichen Reichsapfel. LEOPOLDVS: D: G: R :
IMP: SEMP: AVG: R.) Der heilige Johannes ꝛc.
mit dem Wapen des Bürgermeisters **Christoph
Gerdes** zur Rechten des Stadtwapens. MONE:
NOVA. LVBECE. 1660. nebst Hans Wilms Münzmeisterzeichen.

von Melle und von Madai ebendas.

Dergl. A.) Der gekrönte zweyköpfigte Reichsadler,
mit der Zahl 32, in dem auf der Brust befindlichen
Reichsapfel. LEOPOLDVS: D: G: ROM: IMP:
SEMP: AU: R.) Johann der Täufer ꝛc. mit des
Bürgermeisters **Christoph Gerdes** Wapen zur
Rechten des Stadtwapens. MONETA. NOVA.
LUBEC. 1661. nebst Hans Wilms Münzmeister-
zeichen.

Dergl. A.) Der gekrönte zweyköpfigte Reichsadler,
mit der Zahl 32, in dem auf der Brust des Adlers
befindlichen Reichsapfel und neben dem Schweife
des Adlers die Jahrzahl 1662. LEOPOLDVS. D:
G: ROM: IMP: SEMP: AU: R.) Johann der Täufer ꝛc.
mit des Bürgermeisters **Hermann von Dorne**
Wapen zur Rechten des Stadtwapens. MONETA.
NOVA. LUBECENSIS. Darneben ein Arm mit
einem Kleeblatt, als des Münzmeisters Matthias
Freude Zeichen.

von Melle Abhandl. 982. S. von Madai 2 Th. n. 5000.
790. S.

Dergl. A.) Der gekrönte zweyköpfigte Reichsadler, mit der Zahl 32, in dem auf der Brust des Adlers befindlichen Reichsapfel. LEOPOLDUS. D : G: ROMA: I: S: A: 1662. R.) Johann der Täufer ꝛc. mit des Bürgermeisters **Hermann von Dorne** Wapen zur Rechten des Stadtwapens. MONETA. NOVA. LUBECENSIS. Darneben das obgedachte Münzmeisterzeichen.

<small>von Melle Abhandl. 982. S. von Madai 2. Th. n. 5000. 790. S. Von diesen Thalern sind 2648 Stück geschlagen, welche 331 Mark löthig gewogen haben. von Melle Anmerkung zu seinen eigenhändig entworfnen Münzzeichnungen MS.</small>

Dergl. von 1663. nur daß die Umschrift des Avers etwas anders abgekürzet ist, als: — ROM: IM: SE: A: —

Dergl. A.) Der gekrönte zweyköpfigte Reichsadler mit der Zahl 32, in dem auf der Brust befindlichen Reichsapfel. LEOPOLD: D: G: RO: IM: SE: AV: 1670. R.) Johann der Täufer ꝛc. mit des Bürgermeisters **David Glorins** Wapen zur Rechten des Stadtwapens. MONETA. NOVA. LUBECENSIS. Darneben drey Sterne in einem Zirkel, **Lorenz Wagners** Münzmeisterzeichen.

<small>von Melle Abhandl. 983. S. von Madai 2 Th. n. 5000. 790. S.</small>

Dergl. Av.) Der gekrönte Reichsadler im Hauptschein mit dem Reichsapfel und 32 auf der Brust. LEOPOLDUS. D: G: ROMA: I: S: A: 1673. R.) Der heilige Johannes mit dem Stadtwapen. Zu dessen Rechten des Bürgermeisters **Matthaei Rodde** Wapenschildchen. Oben drey Sterne **lor. Wagners** Münzmeisterzeichen. MONETA. NOVA. LVBECENSIS.

<small>v. Melle Abhandl. 983. S. v. Madai 2 Th. n. 5002. 790 S.</small>

Dergl.

Dergl. A.) Der gekrönte Reichsadler mit der Zahl 32 in dem auf der Brust befindlichen Reichsapfel und mit des Bürgermeisters **Matthaei Rodde** Wapen in dem Schweife des Adlers. LEOPOLDUS. D: G: ROM: I: S: A: 1676 R.) Johann der Schutzheilige ꝛc. mit dem vor sich stehenden Stadtwapen. MONETA. NOVA. LUBECENSIS. Bey dem Stadtwapen zur linken steht ein geharnischter Arm mit einem Schwert **Hans Ridders** Münzmeisterzeichen. Randschrift; PRISCA. VIRTVTE. FIDEQVE.
von Melle Abhandl. 983. S.   Thaler-Collection Tab. 30. p. 107.   von Madai 2. Th. n. 5003. 790 u. f. S. (†)

Dergl. mit der getheilten Jahrzahl 1683.
von Madai 2. Th. n. 5004. 791. S.

Dergl. 1690. mit etwas veränderter Abkürzung der Umschrift des Avers — IMP. SE. AUG.

Dergleichen 1696. Randschrift: PRISCA. VIRTVTE. FIDEQVE

Dergl. A.) Der gekrönte zweyköpfigte Reichsadler, ohne Hauptschein mit der Zahl 32, in dem auf der Brust befindlichen Reichsapfel. Darunter des Bürgermeisters **Johann Wettken** Wapen mit der Jahrzahl 1710. JOSEPHUS. D. G. ROMA: IMP: SE: AUG. R.) Johann der Täufer ꝛc. mit dem Stadt-

---

(†) Dergl. A.) Der gekrönte Reichsadler mit der Zahl 32, in dem auf der Brust befindlichen Reichsapfel und unten des Bürgermeisters **Johann Ritters** Wapen nebst der Jahrzahl 1680. LEOPOLDUS. D: G: ROMA. I: S: A: R.) Johann der Täufer ꝛc. mit dem Stadtwapen, über welches ein Engelskopf angebracht ist, und alsdann das obige Münzmeisterzeichen. MONETA. NOVA. LVBECENSIS.
von Melle Abhandl. 983. S.

Stadtwapen über welches ein Engelskopf angebracht ist und alsdenn das angeführte Münzmeisterzeichen. MONETA. NOVA. LUBECENSIS.

von Madai 2 Th. n. 5005. 791. S.

Dergl. 1710. mit der Randschrift: PRISCA. VIRTVT, FIDEQUE.

von Madai 2 Th. n. 5005. 791. S.

Dergl. A.) Der gekrönte doppelte Adler ohne Hauptschein und ohne den Reichsapfel auf der Brust. CAROLUS VI. D. G. ROM. IMP. S. AUG. R.) Der heilige Johannes mit dem Lamme, und vor ihm unten zwey Wapenschilder, nemlich der Stadt und des Bürgermeisters Adolph Matthaei Rodde, darunter JJJ (Joh. Just. Jaster, Münzmeister) nebst zwey kreuzweise liegende Zaynhaken. MONETA. NOVA. LUBECENS. 1727.

von Melle Abhandl. 983. S. von Madai 2 Th. n. 5007. 792. S.

Dergl. A.) Der gekrönte zweyköpfigte Reichsadler mit dem Stadtwapen auf der Brust und unten des Bürgermeisters Hinrich Balemanns Wapen. CAROLUS. VI. D. G. ROM. IMP. S. AUG. R.) Der Schutzheilige in ganzer Positur mit dem Lamme ɾc. Unten J. J. J. mit den zwey Zaynhaken. MON. NOVA. IMPER. CIVIT. LUBECÆ. 1731.

von Melle Abhandl. 984. S. von Madai 2 Th. n. 5009. 792. S.

Dergl. A.) Der gekrönte doppelte Adler im Hauptschein mit dem Stadtwapen auf der Brust. darunter des Bürgermeisters Hinrich Balemanns Wapen. CAROLUS. VII. D. G. ROM. IMP. S. AUG. 1742. R.) Johann der Täufer in völliger Positur ɾc. Unten J. J. J. nebst den 2 Zaynhaken. MON. NOVA. IMPER. CIVIT.

CIVIT. LUBECÆ. Randschrift: ORNAT. ET. TUETUR.

von Madai 2 Th. n. 5010. 793. S.

Dergl. A.) Der gekrönte zweyköpfigte Reichsadler mit dem Stadtwapen auf der Brust. Darunter das **Balemannische** ovale Wapenschild. FRANCISCUS. D. G. ROM. IMP. S. AUG. 1745. R.) Der heilige Johannes u. s. w. wie auf dem vorhergehenden. MON. NOVA. IMPER. CIVIT. LUBECÆ. Randschr. ORNAT. ET. TUETUR.

von Madai 2 Th. n. 5011. 793. S.

Dergl. A.) Der gekrönte zweyköpfigte Reichsadler mit dem Stadtwapen auf der Brust. Und unten H. D. F. (Hermann Daniel Friderichsen) des Münzmeisters Name. JOSEPHUS. II. ROM: IMP. S. AUG. R.) Der Schutzheilige Johann der Täufer, mit einem Schein um den Kopf und dem Lamme mit der Siegesfahne auf einem Buche im linken Arm; vor sich des Bürgermeisters **Daniel Haecks** Wapen MONETA. NOVA. LUBECENSIS 1776.

Dergl. 1776 doppelter von dem Stempel des einfachen

IV. Silberne Medaillen.

1) Gedächtnißmünzen.

Ein Silberpfenning. A.) Der zweyköpfigte Reichsadler im Schilde. R.) Der Kopf eines alten Mannes von welchem Haare und Bart herabhängen. Ohne Umschriften. Von feinem Silber. $\frac{1}{2}$ Loth schwer.

> von Melle Nachr. von Lübeck 41. Hauptst. 514. S.

Ein Silberpfenning von nämlicher Größe und feinem Silber. A.) Der zweyköpfigte Reichsadler, zwischen dessen Köpfen ein Stern steht und umher vertheilt LVBICA. R.) Eine männliche, auf einem Bogen oder einer Brücke sitzende Figur, mit entblößten Haupte und ausgestreckten Armen, welche in jeder Hand ein Schwert hält. Ohne Umschrift. Hält $\frac{1}{16}$ loth am Gewicht.

> Anmerk. Daß diese Münze zum Andenken der von dem Markgrafen Ludewig von Brandenburg übernommenen Schirmvogtey der Stadt Lübeck sollte gepräget seyn, wie Nic. Seeländer behauptet, wird mit Recht bezweifelt S. Hrn. Thümpr. Dreyers Lüb. Verordnungen 46. und 51. S. von Melle Nachricht von Lübeck 41. Hauptst. 514. S.

Ein Silberpfenning in der Größe eines Speciesducat. A) Ein Fels im Meer, mit einem oben darauf gesetzten Kreuz und der Ueberschrift: NON CONFVNDAR. R.) Ein nach einem Stern blickendes Auge mit der Umschrift: RESPICIT 1707.

> Ein hiesiger Niebergerichtsprocurator und Fiscal Joachim Köhn, aus Mölln gebürtig, ließ diese Gedächtnismünze in Gold und Silber prägen, als er in der Lotterie 5000 Mk. gewonnen hatte.

von Melle Nachricht von Lübeck 41. Hauptst. 525. S.

Gedächtnißmünzen.

Ein halber Speciesthaler. A.) König David mit dem Schwert und der Harfe sitzet auf einem Thron und unter ihm sind 2 Schilde mit dem Adler und Stadtwapen gesetzt. Umher steht der Vers: IK. DAVIT. E. KONE. HELT. MI. HARP. KLI. A. D. G. VEL. (Ik Davit ein kone Helt, Myn Harpe klingt auer dat ganze Velt.) Ein geflügelt Kreuz, daran Christus geheftet ist. Auf einer daran gelegten Leiter steigen die unten stehende Leute hinauf. Neben Christo ist Gott der Vater in den Wolken, in einer menschlichen Gestalt abgebildet, unten stehen einige Lämmer. Darunter stehen in drey Reihen die Worte Christi: NVMENT. KVMT. TO. VADER. DE. DOR. MI. IOH. 14. (— Niemand kommt zum Vater, denn durch mich Joh. 14, 6.

Arends Münzbuch 201. S. in welchem er zu groß vorgestellt ist. Schlegels Biblia in Nummis 394. S. Joh. Dav. Köhlers Münzbelust. 18. Th. 193—200.S. von Melle Abhandl. 1003. S. von Madai 1. Th. n. 2368. 752. u. f. S. imgl. 2. Th. in den Zusätzen und Verbesserungen zum 1. Th. Von einigen wird diese Münze unter die Wiedertäufer-Thaler gerechnet, welches aber nicht erweislich ist. Wahrscheinlicher ist dieselbe zum Andenken der in Lübeck um diese Zeit glücklich zu Stande gebrachten Glaubensreinigung geprägt worden. von Melle Nachricht von Lübeck 41. Hauptst. 514. S. Man vergleiche hiemit das 11. Hauptst. 181. S. imgl. von Madai 3. Fortsetz. n. 7227. 428. S.

Ein Speciesthaler zum Andenken der Erwählung Carls VI. zum Römischen Kaiser. R.) Der gekrönte zweyköpfigte Reichsadler, mit der Zahl 32, in dem auf der Brust befindlichen Reichsapfel. Darunter des Bürgermeisters Johann Westkens Wapen mit der Jahrzahl 1712 und dem Namen des Stempelschneiders L. H. F. (Johann Hilchen fecit.) Umschr. CA-

CAROLVS VI. D : G : ROMA : IMP : SEM : AUG.
Innwendig ELECT. FRANCOFURT, XII. OCT.
MDCCXI. R.) Der Schutzheilige, Johann der Täufer
mit dem Lamme ꝛc. nebst dem Stadtwapen. Darneben zur Linken ein geharnischter Arm mit geharnischter Arm mit einem Schwert, dem Münzmeister
zeichen H. Ridders und abermal I.H.F. Umschr.
MONETA . NOVA . LUBECENSIS. Innwendig:
SALVO. CÆS. SALVA. RESPUB.
> von Melle Abhandl. 983. S. dessen Nachr. v. Lübeck
> 515. S. von Madai 2 Th. n. 5006. 791. u. f. S.

Dergl. 1712. mit der Randschrift: ORNAT. EN (ET)
TUETUR.

2. Consularmedaillen.

Des Bürgermeisters **Hinrich Köhlers** erhobenes
Brustbild von der rechten Seite, mit einer runden
Halskrause. Umher stehen die Worthe getheilet:
D. HENRICVS . COLER . CONSVL . PRIMARIVS.
LVBECENSIS. R.) Das Geschlechtswapen, nem-
lich ein liegender kurzer Ast, aus welchem zur Seite
ein Zweig mit drey Eichel zwischen zwey Blätter
hervorgeht, mit der Umschrift: SVFFICIT . MIHI.
GRATIA . TVA . DOMINE. Unten steht die Jahr-
zahl 1636. 1⅛ Loth.
> I. H. a Seelen selecta nummaria Rost. 1726. 8. p. 2. sq. Lub.
> 1735. p. 4. Man hat diese Medaille auch in Gold,
> neun Ducaten schwer. v. Melle Abhandl. 995. S.

Des ältesten Kämmereyherrn **von Brömsen** vorwärts
sehendes Brustbild mit einem Bürgermeisterkragen,
unter welchem das Abzeichen der Junkercompagnie
herabhänget, mit der Umschrift: H. GOTTHART
BROMSEN. Rev.) Das Geschlechtswapen. Ein
dreyfach quergetheilter Schild, von grün- gelb- und
rother

rother Farbe, horizontal getheilet, vor welchen der zweyköpfigte schwarze Reichsadler gestellt ist. Auf dem gekrönten Helme stehen zwey Büffelshörner, die mit den dreyerley Farben des Schildes bezeichnet sind und hinter demselben ein schwarzer Flug. Ist ovalrund und wiegt $\frac{7}{8}$ Loth.

Des ältesten Bürgermeisters **Rodde** Brustbild in eigenen Haaren, von der rechten Seite, mit der Umschrift: MATTHEVS. RODDE. CONSVL. LVBEC. R.) Ein runder, mit Verzierungen versehener und mit einer Krone bedeckter Schild, darinn das Geschlechtswapen, ein mit einem Halsbande versehenes und einem Knochen im Munde tragendes springendes Windspiel im blauem Felde. Ohne Umschrift. Wiegt $\frac{7}{8}$ Loth.

Desselben Bürgermeisters **Rodde** Brustbild, vom nämlichen Stempel. R.) Des Bürgermeisters **Johann Ritters** Brustbild von der rechten Seite, mit der Umschrift: IOH. RITTER. ICT. COM. P. C. CONS. LVB. Wiegt 1 Loth.

Beyde Bügermeister waren von 1671—1677. die ältesten auf der Consularbank.

Des nämlichen Bürgermeisters **Rodde** Brustbild, von der rechten Seite mit der Umschr: MATTHÆUS. RODDE. COS. LUBE. ANNOS X. OB. MDCLXXVII R.) Die Stadt im Prospect und oben drüber LVBECA. Umschrift: DECVS. ET. TVTAMEN. Zwischen den beyden letzten Worten ist ein ovalrunder Schild zu sehen, mit zwo Palmzweigen umgeben, welcher den Reichsadler enthält, mit dem Stadtwapen auf der Brust. Unten lieset man in drey Reihen: NEC. METAS. RERVM. NEC. TEMPORA. PONAT. Wiegt $3\frac{1}{8}$ Loth.

Des Bürgermeisters **Kirchrings** Brustbild, von der rechten Seite mit einer Calotte. Umschrift: DN· HENR· KIRCHRINGK· REIP·PATR·COS· ÆT· 74. AO· 1685. R.) Das Geschlechtswapen. Ein goldener Schild, mit einer schmalen rothen Einfassung, darinn ein schwarzer, aufgerichteter und doppelt geschwänzter Löwe, mit einer goldenen Krone. Ueber dem Schilde steht ein offener Helm, mit einem von Gold und roth gewundenen Wulst, worüber ein hervorschauendes und mit Halter und Zaum versehenes Pferd. Um den Schild hängt die Kette der Lübeckischen Zirkelgesellschaft, mit einem Wapenmantel umgeben. Wiegt 1½ Loth.

Eben dieses Bürgermeisters Brustbild, aber ohne Calotte. In übrigen ist diese Medaille der vorigen in allen, auch am Gewichte, gleich.

<small>Dieser Bürgermeister ist auch der Verfasser des Verzeichnüsses von den Adel. Familien der Zirkel-Gesellschaft in Lübeck 1689. mit K. 242 Seiten, 4. (†)</small>

Bürgerm. **Ritters** Brustbild von der rechten Seite sehr hoch erhoben, mit der Umschrift: IOH. RITTER. JCt, COM. PAL·CÆS. & CONS. LUB. R.) Die Stadt Lübeck, im Prospect, darunter in zwo Reihen: Concordia servat. Discordia perdit. Wiegt 4¼ Loth.

Zwischen 1669 und 1700 geprägt.

Dasselbe

(†) Des vorgedachten Bürgermeisters Johann Ritters Brustbild, von der rechten Seite, mit der Umschrift: IOH. RITTER. ICT. COM. P. C. CONS. LVB. R.) Das Wapen. Ein in die Länge getheilter Schild, in dessen einer Hälfte der halbe gekrönte Reichsadler, in der andern ein mit neun kleinen länglichten Saamenkörnern bestreutes Feld in drey Reihen. Wiegt ½ Loth.

Consularmedaillen.

Daſſelbe Bruſtbild, von der rechten Seite. Umſchrift: IOH·RITTER·ICt$_9$·COM·PAL·CÆS·&CONS·L. R.) Eine aus den Wolken kommende Hand, die eine Wage hält. Ueber derſelben ein fliegender Zettel, mit den Worten: ÆQVA DVRANT SEMPER. Wiegt 1$\frac{1}{8}$ Loth.

<small>von Melle 998. S.   Iſt 1669 geprägt.   J. H. von Seelen ſel. nummaria ed. Roſt. p. 3. ed. Lub. p. 4.</small>

Des 1677 verſtorbenen Bürgermeiſters Rodde Bruſt‑ bild, mit der Umſchrift: MATTHÆVS. RODDE. CONSVL. LVBEC. R.) Der Proſpect der Stadt, über welche oben der Name Jehova zwiſchen den Wolken ſtralet und unten am Geſtade ein Engel zu ſehen iſt, der in der Rechten den Reichsapfel im Schilde und in der Linken das Stadtwapen hält; darunter in zwo Reihen LVBEC. 1694. Umſchrift: LIBERTAS. RES. INÆSTIMABILIS. Wiegt $\frac{7}{8}$ Loth.

Des Bürgermeiſters Ritters Bruſtbild von der rech‑ ten Seite. Umſchrift: IOH. RITTER. ICT. COM. P. C. CONS. LVB. R.) Der Proſpect der Stadt u. ſ. w. wie beym vorigen, aber kleiner vom Gepräge. Wiegt $\frac{1}{2}$ Loth.

Bürgermeiſt: Siricii Bruſtbild von der rechten Seite. Umſchrift: IOH. SIRICIVS. ICT. E. CONS. LVB. R.) Der Proſpect der Stadt u. ſ. w. Iſt mit der nächſt vorhergehenden Roddiſchen Medaille von einerley Größe und Gewicht.

<small>Siricus erlangte in dieſem Jahre (1694) die zweyte Stelle auf der Conſularbank.</small>

Bürgermeiſt: Winklers Bruſtbild von der rechten Seite. Umſchrift: ANTH. WINCKLER. I. V. D. CONS.

CONS. LVBEC. R.) Der Prospect der Stadt. u.s.w. wie beyden vorhergehenden. Wiegt auch ⅞ Loth.

<small>Der Stempel der Hauptseite kann auch wohl im Jahre 1694 geschnitten seyn, weil Winkler in diesem Jahre die Bürgermeisterwürde erhielt.</small>

Bürgermeist: **Kirchrings** Brustbild, von der rechten Seite. Umschr: GOTH. KERCKRING. CONSVL. LVBEC. R.) Der Prospect der Stadt u.s.w. wie die vorigen, auch ⅞ Loth am Gewicht.

<small>Der Stempel des Avers muß später, als 1694 geschnitten seyn, weil Kerkring erst 1697 zum Bürgermeister erwählet ward. (†)</small>

Bürgermeist: **Ritters** Brustbild von der rechten Seite. Umschrift: IOH. RITTER. ICT. COM. P. C. CONS. LVB. R.) Bürgermeist: Winkles Brustbild, von der rechten Seite. Umschrift: ANTH. WINCKLER. I. V. D. CONS. LVB. Wiegt ⅞ loth.

<small>Zwischen 1696 und 1699 geprägt.</small>

Bürgermeist: **Winklers** Brustbild von der rechten Seite. Umschrift: ANTH. WINCKLER. I. V. D. CONS. LVB. R.) Bürgermeister **von Dorne** Brustbild, von der rechten Seite. Umschr: HIERON. A DORNE. CONS. LVB. EL. 1695. Wiegt ⅞ Loth.

<small>Beyde waren älteste Bürgermeister von 1701. bis 1704.</small>

Des älteren Bürgermeisters **von Dorne** Brustbild von der rechten Seite, in eigenen Haaren mit einem Knebel- und Spitzbarte, in einem krausen Halskragen. Um-

---

<small>(†) Bürgermeister Siricii Brustbild von der rechten Seite. Umschrift: IOH. SIRICIVS. ICT. E. CONS. LVB. R.) Bürgermeister Winklers Brustbild, von der rechten Seite. Umschrift: ANTH. WINCKLER. I. V. D. CONS. LVB.

Beyde waren 1695. am Directorio.</small>

Consularmedaillen. 133

Umschrift: HERM. A DORNE. CONS. LVB. PRIM. OB. 1696. R.) Des Sohnes Brustbild in dem itzt üblichen Bürgermeisterornat. Umschrift: HIERON. A DORNE. CONS. LVB. EL. 1695. Ist mit dem Revers der vorhergehenden Medaille völlig einerley. Wiegt 1 Loth.

Vier damals lebender Bürgermeister Brustbilder und unter eines jeden der Name, als: RITTER. WINCKLER. A DORNE. KERCKRING. Oben: COSS. LVBEC. und unten: ANNO 1697. R.) Die Stadt hinter einer Pyramide, woran das Wapen hängt, worauf ein stralendes Auge blickt. Oben: TERQVE QVATERQVE DECORA. Wiegt 1¾ Lt.

Von Melle Abhandl. 86—97. S. Ist im Kupferstiche abgebildet und beschrieben von *J. H. a Seelen* In select. nummar. Rost. 1726. 8. p. 3. & 72 sqq. und in der zweyten Ausgabe Lub. 1736. p. 5. & 86. sqq. Tab. VII. eiusd. Athen. Lub. P. I. p. 209 sq.

Des vorhin gedachten Bürgermeist. **Ritters** Gedächtnißmünze. A.) Dessen Brustbild von der rechten Seite. IOH. RITTER. ICT. COM. P. C. CONS. LVB. R.) INSIGNIVM. MERITORVM. VIR. NATVS. LVBECÆ. AN. MDCXXII. D. XXVII. SEPT. REIPVBLICÆ. PATRIÆ. AB. A. MDCLIX. D. XXI. DEC. SENATOR. EIVSDEMQVE. AB. A. MDCLXIX. D. XX. FEB. CONSVL. PIVS. IVSTVS. INTEGER NON. SINE. BONOR. LVCTV KAL. SEPT. A. MDCC. OBIIT. in zwölf Reihen. Wiegt ⅞ Loth.

Diese Münze ist in den Nouis litterariis maris Balth. & Septentrion. m. Oct. 1700. Tab. X. im Kupferstiche zwar richtig, aber zu groß vorgestellet. von Melle Abhandl. 998. S. *J. H. a Seelen* Athen. Lub. P. I. p. 209. *Molan.* P. IV. p. 445. n. 18.

Bürgermeist: **Westkens** Brustbild von der rechten Seite. Umschrift: IOH. WESTKEN. CONSVL. LVBEC. R.) Dessen Wapen. Ein ovalrunder Schild darinn ein aufgerichteter Löwe zu sehen, der einen teutschen Schild in den Pranken hält. Oben darüber eine Krone und an beyden Seiten sind Verzierungen angebracht. Umschr. RECTE FACIENDO NEMINEM TIMEAS. 1703. Wiegt ¾ Loth.

von Melle Abhandl. 1000. S. *J. H. a Seelen* Ath. Lub. P. I. p. 217. eiusd. sel. nummar. ed. 1. p. 5. ed. 2 p. 7.

Des vorgedachten Bürgermeisters **von Dorne** Brustbild von der rechten Seite. HIER. A DORNE. CONSVL. LVBEC. R.) Ein Ast von einem Rosenstrauche, worauf drey aufgeschlossene Rosen stehen und worüber ein halber Mond und ein Stern zu sehen sind, mit der Umschrift: ARMAT SPINA ROSAS COELO FVLGENTIBVS ASTRIS. Wiegt ⅞ Loth.

von Melle Abhandl. 998. S.

Diese Medaille ist wahrscheinlich 1700 oder 1701 geprägt, da dieser Bürgermeister die zweyte Stelle auf der Consularbank bekam. Der dornichte Rosenstrauch ist eine Anspielung auf den Namen. Der halbe Mond und Stern sind aus dem Geschlechtswapen genommen.

J. H. a Seelen selecta nummaria Rost. 1726. 8. p. 4. Lub. 1735. 8. p. 5.

Desselben Gedächtnißmünze. A.) Das Brustbild von der rechten Seite. Umschrift: HIER. A DORNE CONS. LVBEC. R.) GENEROS. STEMATE. A· MDCXLVI IX· KAL. AUG. EDITUS. PARENTI· AVO· PROAVO· ABOVOQ IN MAGISTRATU SUCCESSIT SENAT· MDCXXC· COS· A MDCXCV· PIUS· PRUDENS· IUSTUS· EMINENTIS· INGENII· FACUNDIAE· IN-
DU-

DUSTRIAE OBIIT · IV. ID. OCTOB · A·
MDCCIV. in eilf Reihen. Wiegt 1 1/16 Loth.

Diese Medaille wird auch in *J. H. a Seelen* Athen. Lub.
P. I. p. 163. angeführt, allwo aber statt generoso stemmate
fehlerhaft clariss. genere gesetzt ist.

Bürgermeister Gerken im Brustbilde von der rechten
Seite. Umschrift: SEBASTIAN◦ GERKEN. ICT:
ET CONS. LUBEC: R.) Das Wapen. Ein ovalrunder gekrönter Schild mit Verzierungen, darinn
ein rother Querbalke im goldenen Felde. Oben drey
aufgeschloßene Rosen, ohne Stempel und unten
drey Eichel an einem Zweige. Umschrift: NIL
INTEMPESTIVE NIL TEMERE NIL OBITER.
Unten 1706. Wie 7/8 Loth.

J. H. a Seelen sel. nummar. ed. Lub. T. VII. p. 6.

Bürgermeist: von Wickede Brustbild von der rechten Seite. Umschrift: THOMAS A WICKEDE
CONSUL. LUBEC: Unten I H F (des Stempelschneiders **J. H. Hilchen** Name.) R.) Das Geschlechtswapen. Ein ovalrunder gekrönter und mit
Verzierungen umgebener Schild, horizontal getheilet. In der oberen Hälfte ein wachsender schwarzer Adler im goldenen Felde und in der unteren ein
goldener Sparren im blauen Felde. Um den Schild
hängt die Ordenskette der Junkerncompagnie, darunter die Jahrzahl 1708. Umschrift: IN OMNIBUS
REBUS MEDIOCRITAS EST OBTIMA ✶ Wiegt
3/4 Loth.

eiusd. selecta nummaria ed. 1. p. 4. ed. 2. p. 6.

Bürgermeist: Rodde des älteren Brustbild von der
rechten Seite. Umschrift: MATTHÆVS RODDE.
CONSVL. LVBEC: Ist mit dem Stempel der oben
angeführten dritten Consularmedaille geprägt. R.)
Das

Das Brustbild des Sohnes, der im dreyßigsten Jahre nach des Vaters Tode Bürgermeister ward, von der rechten Seite. Umschr: ADOLPH. MATTHÆUS RODDE. ICTq CONS: LUBEC: Unten I. H. F. Des Stempelschneiders Hilchen Name. Wiegt 1½ Loth.

Des oben gedachten Bürgerm. A. M. Rodde Brustbild von selbigem Stempel. Revers: Das oben beschriebene Geschlechtswapen, unter welchem ANNO 1708. Umschrift: SINCERE IUSTE PIE. Wiegt ⅞ Loth.

v. Melle Abhandl. 1001. S. *J. H. a Seelen* Selecta nummaria ed. Rost. p. 7. Lub. p. 9. sq. Tab. I.

Die Brustbilder der vier damals lebenden Bürgermeister in vier besondern Rahmen. Die Namen derselben sind dem Gesichte gegen über gesetzt, als: WESTCKEN GERCKEN WICKEDE RODDE. In deren Mitte steht: COSS LVBEC. Unten zur Rechten steht 1710. zur Linken J. H. HILCHEN F. R.) Die Stadt im Prospect mit dem Namen Jehova bestralet. Unten: LVBECK. Umschrift in zwo Reihen: ES MVSSE FRIEDE SEYN INWENDIG DEINEN MAVREN VND GLVCK IN DEINEN PALLÄSTEN. Wiegt 2 loth.

von Melle Abhandl. 999. S. *J. H. a Seelen* Athen. Lubec. P. I. p. 218. eiusd. selecta nummaria ed. Rost. p. 58. sq. Lub. p. 70. sqq. v. Melle Nachr. von Lübeck 521. S.

Bürgerm. Rodde Brustbild von der rechten Seite. Umschrift: ADOLPH· MATTHÆ· RODDE· ICTq· CONS· LVBEC· R.) Das oben beschriebene Geschlechtswapen und darunter 1710. Umschrift: SINCERE· IUSTE· PIE. Wiegt 1 Loth.

von Melle Abhandl. 1001. S.

Consularmedaillen. 137

Des 1700. verstorbenen Bürgerm. **Ritters** Brustbild von der rechten Seite. Umschr. IOH. RITTER. ICT. COM. P. C. CONS. LVB. R.) Bürgermeist: **Rodde** Brustbild von der rechten Seite. Unten I. H. F. Umschrift: ADOLPH: MATTHÆUS RODDE. ICT9 CONS: LVBEC: Wiegt $1\frac{1}{2}$ Loth.

> Wahrscheinlich ist diese Medaille 1716. geprüget, da Bürgermeister Rodde Consul Primarius ward; und der Avers ist vermuthlich darum mit des ältesten Bürgermeisters Ritters Brustbild bezeichnet, weil Rodde durch dessen Absterben zum Rathsstuhle gelangte.

Bürgermeist. **Tesdorpfs** Brustbild von der rechten Seite. Umschrift: PETR: HINR: TESDORPF. CONS: LUBEC· Unten: IHF. Revers: Das Geschlechtswapen ein ovalrunder gekrönter Schild, mit Verzierungen umher. Es enthält einen springenden Hirschen im blauen Felde. Umschrift: PIE. HONESTE. TEMPERANTER. Unten: 1715. Wiegt 2 Loth.

> von Melle Abhandl. 1001. S. *J. H. a Seelen* Selecta Nummar. ed. Rost. p. 25. sq. Lub. p. 30. Tab. II.

Bürgermeist: **Müllers** Brustbild von der rechten Seite. Umschrift: DANIEL MULLER· ICTUS CONSUL LUBEC: Unten: L. H. F. R.) Das Wapen. Ein ovalrunder gekrönter Schild, mit Verzierungen umgeben und in die Länge herab getheilet. In der rechten rothen Hälfte ein schwarzes halbes Kammrath, in der linken weissen ein aufgerichteter Löwe. Unten: ANNO. 1717. Oben, auf einem fliegenden Zettel: IN DOMINI METU. Wiegt $1\frac{1}{8}$ Loth.

> von Melle Abhandl. 1001. S. *J. H. a Seelen* sel. nummaria ed. Rost. p. 6. & 42. sq. Lub. p. 50. Tab. IV. Er starb 1724, 12. Jan. Seine Lebensgeschichte schrieb Sam. Gerh. von Melle, Pred. an Aegid. und *J. H. a Seelen*, Rect. in Progr. funebri.

Bürgermeist. **Rodde** im Brustbilde von der rechten Seite und darunter I. L. H. des Stempelschneiders Name. Umschrift: ADOLPH· MATTHÆ: RODDE· ICT9· CONS· LUBEC· R.) Das vorhin beschriebene Geschlechtswapen. Unten: ANNO 1727. und J. J. J. (des Münzmeisters Joh. Just. Jasters Name) nebst zweyen kreuzweis liegende Zaynhaken. Oben: SINCERE· IUSTE· PIE   Wiegt 2 Loth.

 von Melle Abhandl. 1001. S.

Bürgermeist. **Balemann** im Brustbilde von der rechten Seite und unten: HONESTE BEATE Umschr. HENRICUS BALEMAN ICT9 CONSUL LUBEC. R.) Das vermehrte Geschlechtswapen. Ein ovalrunder, verzierter und gekrönter Schild, in dessen die Länge herabgetheilten rechten Hälfte, oben im goldenen Felde ein wachsender halber Adler und unten im blauen Felde ein herunterhangender Hopfenranken zu sehen ist. In der linken rothen Hälfte befinden sich 2 übereinander stehende goldene Sparren. Unten die getheilte Jahrzahl 1724. Umschr. SALUS POPULI SUPREMA LEX ESTO.   Wiegt 1½ Loth.

 von Melle Abhandl. 1001. S.

Dasselbe Brustbild mit der nämlichen Umschrift und Unterschrift. R.) Die Stadt Lübeck im Prospect. Oben: LUBECA. Unten: 1730. Umschr. SALUS POPULI SUPREMA LEX ESTO.   Wiegt 1¼ Loth.

 J. H. a Seelen sel. nummar. Lub. ed. p. 11.   **Köhler** 22 Th. 49. S.

Bürgermeist. **Hübens** im Brustbilde von der rechten Seite. Umschrift: IACOBVS· HVBENS· CONSVL· R.) Das Wapen. Ein ovalrunder rother Schild, mit drey im Dreyeck gestellten Vögelchen. Oben dar-

Consularmedailley. 139

darüber steht eine Krone und zu beyden Seiten sind Verzierungen und Laubwerk angebracht. Unten: LVBECAE· 1731. Umschrift: IVSTE. HONESTE. CANDIDE. Wiegt 1⅞ Loth.

cf. *J. H. a Seelen* selecta nummaria ed. 2. Lub. p. 9.

Bürgermeister **von Lüneburg** im Brustbilde von der rechten Seite. Umschrift: ANTHON V. LUNEBURG · CONSUL LUBEC. R.) Das Geschlechtswapen auf einem Postement. Ein ovalrunder, mit einer Krone bedeckter Schild, worinn drey im Dreyeck gestellte goldene Kastelle, im blauen Felde. Schildhalter sind 2 goldene Löwen, mit rother ausgeschlagener Zunge. Unten: 1732. Umschrift: Der Familien-Wahlspruch: MEDIOCRITAS IN OMNI RE EST OPTIMA. Unten zur Rechten I G M. Der Name des Stempelschneiders. Wiegt ⅞ Loth.

Bürgerm. **Dreyer** im Brustbilde von der rechten Seite. Umschrift: IOHANN · HENRICH · DREYER· BURGERMEISTER· R.) Die Göttinn Concordia, in deren Rechten ein Palmzweig. An derselben steht ein Altar, worauf der verzogene Name zu sehen ist. Auf dem Altar lieget ein aufgeschlagenes Buch, worinn der Name Biblia steht. Mit der linken hält sie das Geschlechtswapen. Unten befindet sich die Jahrzahl 1732. Umschrift: HERR GIB LUBECK ALLEZEIT LIEBE FRIED UND EINIGKEIT. Wiegt 1 Loth.

Dieselbe Medaille in einem Abdrucke von Kupfer.

Das erhobene Brustbild Sr. Magnific: des itzigen ältesten Bürgermeisters Hrn. **Hermann Georg Bünekau**, von einem elfenbeinernen Medaillon in feinem Silber abgenommen und 2¾ Loth am Gewicht.

3. Jubel-

3. Jubelmünzen.

Ein achtel Speciesthaler. A.) Der gekrönte zweyköpfigte Reichsadler, ohne Schein um den Köpfen, mit dem Stadtschildchen auf der Brust. Unten des Bürgermeisters **Adolph Matthaei Rodde** Wapen. Umschr: LUBECA IUBILANS. Rev.) OB REPURGATAM. PER LUTHERUM ECCLESIAM. in sechs Reihen. Umschrift: SACRA SAECULARIA. 1717. 31. Octobr. I F. darneben Hinr. Ridders Münzmeisterzeichen.

    von Melle Abhandl. 993. S.

Ein vierthel Speciesthaler von selbigem Gepräge.

Dergl. mit dem Unterschied 1717. 31. Octob. HF.

Ein achtel Speciesthaler. A.) Der gekrönte zweyköpfigte Reichsadler, ohne Schein um den Köpfen, mit dem Stadtschildchen auf der Brust und unten des Bürgermeisters **Hinrich Balemanns** Wapen. Umschrift: IMPERIAL. CIVIT. LUBECENSIS. 1730. R.) Die Evangelische Religion in Frauensgestalt, in der rechten Hand mit einem Kreuze und in der linken mit einem offenem Buche darinn V. D. M. I. Æ. Innwendig: SAC. SÆCULAR. SEC. 25. IUN. JJJ. (des Münzmeisters Joh. Just. Jasters Namensbuchstaben). Darneben die Zaynhaken. Umschr: CONFESS. EVANG. IN. COM. AUG. EXHIBITÆ.

    von Melle Abhandl. 992. S.

Ein ganzer Speciesthaler. A.) Der gekrönte zweyköpfigte Reichsadler, ohne Hauptschein, mit dem Stadtschildchen auf der Brust. Darunter des Bürgermeisters **Hinrich Balemanns** Wapen in einem ovalen Schilde. Umschrift: IMPERIAL. CIVIT. LUBECENSIS. 1730. R.) Die evangelische

Jubelmünzen. 141

sche Religion in Gestalt einer Frauensperson, mit einem Kreuz in der rechten und einem Buche, darinn: V. D. M. I. Æ. steht, in der linken Hand. Neben demselben ist der Verfolg der Umschrift in drey gebrochnen Zeilen: SACRA SÆCULARIA SECUNDA. XXV IUN. Unten: J. J. J. mit zwey geschränkten Zaynhaken.

   von Melle Abhandl. von Madai 2. Th. n. 5008. 792 S.

Dergl. Des Münzmeistersname steht der Frauensperson zur Seite.

Eine Jubelhochzeitsmünze. A.) Zwey zusammengebundene Herzen, deren eines mit dem **Krechtingischen**, das andere mit dem **Stolterfothischen** Wapen bezeichnet ist; mit der Ueberschr: IRRVPTA. COPVLA. R.) IN MEMORIAM IVBILÆI. GAMICI. A. M. BERNH. KRECHTING MIN. LVB. SEN. ET. PAST. MAR. POST. L. ANNORVM. CVM. VXORE MARG. STOLTERFOTHIA CONIVGIVM LVBECÆ CELEBRATI ANNO. MDCC. DIE. XXIX. APR. in dreyzehn Reihen. Wiegt ¾ Loth.

   Im Kupferstiche ist diese Münze zu finden in den Nouis literar. maris Balthici & Septentr. 1700. m. Maio Tab. 5. fig. 2. Auch wird sie angeführt in von Melle Abh. 1002. S. Thesaur. numismat. modernor. huius seculi Norimb. fol. Supplem. p. 995. J. T. Köhlers Münzbelustigungen 6. Th. 102. S. J. C. Kundmann in nummis Jubilaeis, Bresl. 1735. 4. Tab. IV. n. 18. Molan. P. IV. n. 54. p. 380. J. P. Cassels Sammlung etlicher Jubelhochzeit-Münzen, Bremen 1759. 4. 69. S.

Dergleichen. A.) Sel. **Wöhrmanns** Handelsmanns und Vorstehers an St. Marien Brustbild von der rechten Seite, mit der Umschrift: HINRICH WÖHR-

WÖHRMANN GEB. 1702. Unter dem Arm AA. als des Stempelschneiders Name. Rev.) Dessen Ehegattin Brustbild, auch von der rechten Seite. Umschrift: ENGEL GEB. TESDORPFEN 1715. Unten findet man auf beyden Seiten zwo Zeilen, die man so lesen muß. L. IAEHRIGE und umgekehrt EHELEUTE. Ferner A.) LUBEck und umgekehrt D. 7. IUNI. 1784. Wiegt 1½ Loth.

Dergleichen. A.) Zwey hinter einander gesetzte Brustbilder des Herrn Platzmanns und seiner Ehegattin, mit der Umschrift: IOH: HEINR: PLATZMANN u. ELIS: PLATZMANN GEB. ISENBERGH. Unter dem rechten Arm KRÜGER, der Name des Medailleurs. R.) Ein am Ufer des Meeres aufgerichteter viereckigter Grundstein, auf dessen bemoofter Oberfläche eine Urne gesetzt steht. An der Vorderseite befindet sich folgende Innschrift in sieben Zeilen: GEB. A. 1715. U: 60. IAHR IN LÜBECK. Vor derselben sitzt Merkur auf einem Waarenpacken und am Fuße des Ecksteins liegt sein geflügelter Schlangenstab. Oben an der Nebenseite stehen in drey Zeilen: CEL. A. 1789. An dem untersten leeren Raum hangen der Bogen und Köcher des Cupido, welcher mit Meissel und Schlegel sich anschickt, die bevorstehende Feyer der completen Jubelhochzeit einzuätzen. Im Hintergrunde ist ein am Strande liegendes abgetackeltes Schiff und in weiterer Entfernung die untergehende Sonne zu sehen. Im Abschnitt: VERM: A: 1742. Umschrift aus dem Gellert: FLIEST HIN IHR TAGE MEINES LEBENS &c. Wiegt 2 Loth.

Eine Amtsjubelmünze. A.) Doct. Carpzovs Brustbild von der rechten Seite und unter dem Arm

Jubelmünzen. 143

NAUNHEIM, der Name des Stempelschneiders. Umschr: IO. GOTTL. CARPZOVIUS. TH. D. ET. SUPERINT. LUBEC. R.) MONUMENTUM. PIETATIS. ET. LAETITIAE. MINISTERII. LUBECENSIS. ANNO. IUBILAEI. MINISTERIALIS. M. D. CCLIV. D. XXIII NOV. in neun Zeilen. Wiegt 2 Loth.

Dergl. A.) Des Seniors Burghardi Brustbild von der linken Seite. Unter dem Arm Morenz F des Stempelschneiders Name. Umschrift: ADDE. BERNH. BURGHARDI. MIN. LUB. SENIOR ET PASTOR PETRINVS. AETAT. LXXVII. Revers) SENI OPTIMO X LVSTRA MVN. ECCLES. FELICITER PERACTA GRATVLATVR MINIST. LVBECENSE. AD DIEM. II. IVL. MDCCLXXXVII. in sieben Zeilen. Oben und unten ein aufgeschloßnes Röschen. Wiegt 1½ Loth.

Dergleichen von Bley.

4. Schaupfenninge.

Ein Hochzeitsthaler. A.) Die Hochzeit zu Cana in Galiläa. IESVS. MACHET. WASSER. ZV. WEINN ZV. CAN IN. GALI: darneben eine Blume, der beyden Roethusen Münzmeisterzeichen. R.) Der Herr Christus und zwey Brautleute, die er einsegnet. Umschrift: QVOS ∴ DEVS ∴ CONIVNXIT ∴ HOMO ∴ NON ∴ SEPARET. Und abermal eine Blume. Ein und ein halber Speciesthaler.

v. Madai I. Th. n. 2377. 757. S.

Dergl. A.) Die Hochzeit zu Cana. Umschrift: Z: CANA. I. GALILEA. EI. HOCHZEIT WAR ✳ IESUS . AUS. WASSER. MAC : WEIN. DAR. Darnebeneine Sonne, des Münzmeisters H. v. d. Klähren Abzeichen. R.) Der Herr Jesus, wie er ein Brautpaar zusammengiebt und darüber in der Umschrift der Name Jehova in Stralen. Umschr. GODT. DE: EHSTANDT. GESTIFT: HAET ✳ DARV : IH : IESUS . GESENEN. DAET. ✳ Ein und ein halber Speciesthaler.

v. Madai 2. Fortsetz. n. 5989. 180. S.

Dergleichen doppelter.

Dergleichen dreyfacher.

Ein Christfestthaler. A.) Die Geburt und Taufe Christi. Umschr. CHRISTUS. Z. BETHLEHEM. GEBORN. V. EINER. IVNGFRAV AVSER-KOHRN. Daneben die Sonne, Hinrich von der Klähren Münzmeisterzeichen. R.) Die Anbetung des Christkindes von den Weisen aus Morgenland. Umschr: CHRISTUS. V: DE: WEISEN. WIERT. ERKANT. AM. STERN. I: MORG: LANT. Daneben abermal das Münzmeisterzeichen. Ein doppelter Speciesthaler.

S. Thalersammlung (Albert Balemanns) Hamb. 1777. 8. n. 3908. 313. S. (†)

Ein breiter Thaler. A.) Ein bey einem Baume mit aufgehabenen Händen sitzender nackender Mensch, dem Moses die Gesetztafeln vorhält; Johannes der Täufer aber, der das Evangelienbuch unter dem Arme

---

(†) Dergleichen dreyfacher

Arme trägt, auf den gekreuzigten Erlöſer verweiſet. Auf Moſis Seite iſt der Sündenfall, das Grab und ein Todter darinnen; bey Chriſto aber die Bot- ſchaft der Engel an die Hirten, imgleichen der auf- erſtandene Heiland, wie er den Teufel unter die Füße tritt, abgebildet. Umſchrift: DER IESUS HILFFET ALLEIN AUS NODT. MOSES DU ZEiGEST NUR FLUCH U: DOT. R.) Chriſtus am Kreuz zwiſchen den beyden Schächern. Zur rechten Seite nebſt einigen Zuſchauern ein Krieges- knecht zu Pferde, der die Seite Chriſti mit einem Speer öffnet. Zur linken der Hauptmann zu Pferde mit drey darnieder liegenden Kriegesknechten. Ganz unten ein Todtenkopf und Knochen. Zu Ende der Umſchrift: auf beyden Seiten eine Sonne. Um- ſchrift: AM CREUTZ EIN FLUCH ICH WOR- DEN BIN. MEIN AUFFERSTEHUNG. DEIN GEWIN.

v. Madai 2. Th. n. 5201. 848. S.

Dergleichen ein und einen halben Thaler ſchwer, vom Stempel des einfachen.

Dergleichen doppelter.

Dergleichen dreyfacher.

Dergleichen vierfacher.

Eine große breite Schaumünze. A.) Die Stadt Lübeck, darüber LVBEC. mit dem ſtralenden Auge der göttlichen Vorſehung. In der Ferne zeigen ſich zwey Kauffardeyſchiffe auf der Rhede. Unten hält ein Engel in der Rechten den zweyköpfigten Reichs- adler in einem Schilde und in der linken das Stadt- wapen. Umſchrift: O GOTT LAS DEINEM SCHVTZ ALLEIN DISE EDLE STATT BE-

FOHLEN SEIN. R.) Ein Brautpaar wird vom Priester ehelich zusammen gegeben. Ueber dasselbe hält ein Engel das Horn des Ueberflußes. Darneben ragen ein Paar Hände aus den Wolken hervor. Unten zur Rechten sieht man einen Pelikan mit seinen Jungen und oben darüber einen Oelzweig. Zur Linken einen Bienenkorb und Schwarm und darüber einen Palmzweig. Zum Füßen zwo Täubchen und 16 S. D. 57. Umschr: DES ALLERHOECHSTEN GNADENHAND GESEGNE KRÆFFTIG UNSERN STAND. Wiegt 6 Loth.

Eine Schaumünze. A.) Prospect der Stadt Lübeck mit dem Gedenkspruch: CONCORDIA. SERVAT DISCORDIA PERDIT: R.) Ein Schiff, das mit 2 Ankern an einem Felsen befestiget ist, nebst dem umhergesetzten, wiewohl etwas veränderten Virgilianischen Vers: DVRATE. & NOSMET VENTIS SERVATE SECUNDIS. Wiegt 1¾ loth.

von Melle Abhandl. 995. S. dessen Nachr. v. Lübeck 512. S.

Dergleichen. A.) Prospect der Stadt Lübeck, mit der Ueberschrift: LVBECCA und der Unterschrift: DAS. IN. VNSERM. LANDE. EHRE WOHNE. Rev.) Die Bilder der Gerechtigkeit und des Friedens und in einiger Entfernung die Bilder der Güte und Treue, die sich auf freyem Felde begegnen, mit den dahinzielenden Worten: DAS. GÜTE VND TREWE EINANDER BEGEGNEN und darunter: PSA. LXXXV. Wiegt 1¼ loth.

von Melle ll. cc.

Dergl. A.) Die Stadt Lübeck, von der Wacknitzseite abgebildet, mit der Unterschrift: LUBEC. Oben

Schaupfenninge.

Oben darüber das stralende Auge der göttlichen Vorsehung. Unten hält ein Engel in der Rechten den zweyköpfigten Reichsadler in einem Schilde und in der Linken das Stadtwapen. In der Ferne einige Schiffe. Umschrift: ES MUSSе FRIED SEIN INWENDIG DEINеn MAUREN UNd GLUCK IN DEINеn PALLASTEN. R.) Zwey Weibsbilder, deren eines ein Schwert, das andere ein Lilienstrauß in der linken hat, halten mit beyden Händen einen Zweig über ein auf dem Tische liegendes aufgeschlagenes Buch, dessen Blätter mit DEBET und CREDIT und darunter LIBERTAS. RES. INÆSTIMABILIS bezeichnet sind. Auch ist der Tisch mit einem Crucifix, Dintenfaß, Feder, Brief und Pettschaft belegt. Eine Hand, mit einer Wagschale blicket aus den Wolken hervor und oben darüber das Bild der göttlichen Allwissenheit. Unten stehen zwo Tauben. Umschrift: DAS. TREWE. AUFF. DER. ERDEN. WACHSE. UND GERECHTIGKEIT. UOM. HIMEL SCHAWE. und in dem Exergue PSAL: LXXXV. Ohne Jahrzahl. Wiegt 3 loth. (†)

von Melle II. cc.

(†) Dieselbe Schaumünze, auf welcher die Schiffe auf der Wackenitz bey Seite geschafft sind und die mit der Jahrzahl 1694 unten bezeichnet ist.

V. Goldene Münzen.
1) Viertelducaten.

Ein Viertelducaten. A.) Der gekrönte und geharnischte Kaiser stehend, mit dem Scepter in der Rechten und dem Reichsapfel in der Linken, nebst einem Schwert an der Seite. MON: NOV: AVR: LVB: Zwischen den Füßen steht die Wehrtzahl ¼. R.) Der gekrönte doppelte Adler, ohne Hauptschein, mit dem Stadtwapen auf der Brust und unten des Bürgermeisters **Joh. Ritters** Wapen, nebst der Jahrzahl 1679. CIVITA. IMPER.

Von diesem und den folgenden s. v. Melle Abhandl. 985. S. und Nachr. von Lübeck 507. S.

Dergl. von 1683.
Dergl. von 1690.
Dergl. von 1692.
Dergl. von 1693.
Dergl. von 1694.
Dergl. von 1697.

Ein Viertelducaten. A.) Der gekrönte und geharnischte Kaiser u. s. w. wie bey den vorhergehenden MON: NOVA: AVR: LVB. Zwischen den Füßen steht die Wehrtzahl ¼. R.) Der gekrönte Reichsadler, ohne Hauptschein, mit dem Stadtwapen auf der Brust. Unten steht des Bürgermeisters **Joh. Westken** Wapen und die Jahrzahl 1710. CIVITA: IMPER:

von Melle Abhandl. 985. S.

Dergl. A.) Der Kaiser in der vorhin angeführten Stellung, mit den völligen Reichsinsignien und der zwischen den Füßen stehenden Wehrtzahl ¼ MON: NOVA. AVR: LVB. R.) Der gekrönte Reichsadler, ohne

Viertelducaten. Halbe Ducaten.

ohne Hauptschein und mit dem Stadtwapen auf der Brust. Unten steht des Bürgermeisters **Thomas von Wickede** Wapen und die Jahrzahl 1714. CIVITAT. IMPERI.
   von Melle Abhandl. 985. u. f. S.

Dergl. 1716.
   von Melle ebendas.

Dergl. A.) Der Kaiser in der vorhin angeführten Stellung, mit den völligen Reichsinsignien. Zwischen den Füßen steht die Wehrtzahl und zu beyden Seiten die Jahrzahl 1728. MON. NOV. AVR. R.) Der gekrönte Reichsadler, ohne Hauptschein und mit dem Stadtwapen auf der Brust. Unten steht des Bürgermeisters **Adolph Matth. Rodde** Wapen. CIVITAT. IMPERI.
   von Melle ebendas.

2) Halbe Ducaten.

Ein goldener Bracteat mit dem zweyköpfigten Reichsadler.

Ein halber Ducat. A.) Der gekrönte und geharnischte Kaiser stehend, mit dem Schwert umgürtet und mit den Reichsinsignien in den Händen. Unten zwischen den Füßen steht die Wehrtzahl ½ (halber Ducat.) MONE: NOVA: AVREA: LVB. R.) Der gekrönte zweyköpfigte Reichadler, ohne Hauptschein, mit dem Stadtwapen auf der Brust. CIVITAT. IMPERI. Darneben **Hans Ridders** Münzmeisterzeichen. Unten des Bürgermeisters **Johann Ritters** Wapen und die Jahrzahl 1679.

Dergl. von 1683.

Dergl. von 1690. Das Wort aurea auf dem Avers ist also abgekürzt: AVRE.

Dergl. von 1692. Die Worte: Moneta aurea sind auf dem Avers also abgekürzt: MON. AVRE.

Dergl. von 1693.

Ein halber Ducat. A.) Der gekrönte und geharnischte Kaiser stehend und mit dem Schwert umgürtet. In den Händen hält er die Reichsinsignien, als: in der rechten den Scepter und in der linken den Reichsapfel. Die Wehrtzahl ½ steht unten zwischen den Füßen. MONE. NOVA. AVREA. LVB. R.) Der gekrönte zweyköpfigte Reichsadler, ohne Hauptschein, mit dem Stadtwapen auf der Brust. Unten steht des Bürgermeisters **Joh. Westken** Wapen und die Jahrzahl 1710. CIVITAT. IMPERI. nebst vorgedachtem Münzmeisterzeichen.

Ein halber Ducat. A.) Der Kaiser, in der vorhin angeführten Stellung und mit den gedachten Reichsinsignien, nebst der unten zwischen den Füßen stehenden Wehrtzahl ½. MONE. NOVA. AVREA. LVB. R.) Der gekrönte zweyköpfigte Adler, ohne Schein, mit dem Stadtwapen auf der Brust. Des Bürgermeisters **Thomas von Wickede** Wapen und die Jahrzahl 1714. erblickt man unten. CIVITAT. IMPERI. nebst dem angeführten Münzmeisterzeichen.

3) Goldgülden.

***Ein Antcölnischer Goldgülden.** A.) Ein Bischof, der in seinem Ornat steht, die Rechte zum Segnen aufhebet und in der Linken einen Scepter hält. THEODIC. AR EPI: COL. R.) Das Cölnische Wapen in einer dreymal gespitzten und gebogenen Einfassung. MONETA. NOVA. AVREA. RIL.

(Rilensis)

(Rilenſis). Der Lübeckiſche Reichsadler iſt in der Mitte eingeſtempelt.

Dieſen Goldgülden hat Theodoricus II. Graf von Mörs, der von 1414. bis 1462 regierte, prägen laſſen. S. Köhlers Ducaten-Cabinet 1. Th. 3. Abtheil. allwo von n. 912—919 achterley Sorten vorkommen, unter welchen aber keiner iſt, der dieſem und dem folgenden gleichet.

*Dergl. A.) Der heilige Petrus im Hauptſchein, mit dem Schlüſſel in der Rechten und Buche in der Linken. Zum Füßen das Gräflich-Mörſiſche Wapen. THEODIC' ARCPI' COL' Das Wapen in einer vierſpitzigen Einfaſſung, in deren Ecken die Wapenſchildchen der zum Münzweſen vereinten Kurfürſten Maynz, Trier, Bayern und Pfalz. MON' NOV' BVN ·· ENS. (Bunenſis). Der Lübeckiſche Reichsadler iſt in der Mitte eingeſtempelt.

Iſt zwiſchen 1414 u. 1463. geſchlagen. Man vergleiche hiemit J. C. von Soothe Ducatenkabinett n. 541. 87. u. f. S.

Ein Goldgülden. A.) Das Stadtwapen in einer zierlichen Einfaſſung, mit dem Reichsapfel auf der Bruſt und zu beyden Seiten die Jahrzahl 89 (1589) MONETA. NOVA. AVREA. LUBEC. Darneben Claes Roethuſen Münzmeiſterzeichen. (Der Mittelſtrich in den N iſt verkehrt.) R.) Der gekrönte zweyköpfigte Reichsadler ohne Schein, mit dem Stadtwapen auf der Bruſt und unten des Bürgermeiſters Herm. von Dorne Abzeichen. CIVITATIS. IMPERIALIS.

Dergl. von 90 (1590). Die N ſtehen recht. (†) (††) (†††)

Dergl.

(†) Dergl. von 92 (1592)

(††) Dergl. A.) Das Stadtwapen mit einer zierlichen Einfaſſung, in der Mitte der Reichsapfel und zu beyden Seiten

Dergl. A.) Der Reichsapfel in einem Schilde. MONE. NOVA. AVREA. LVBECEN. Darneben von der Klåhren Münzmeisterzeichen. R.) Der gekrönte zweyköpfigte Reichsadler, ohne Schein. Auf der Brust das Stadtwapen und unten des Bürgermeist. Hinrich Köhlers Abzeichen mit der Jahrzahl 1637 CIVITATIS. IMPERIAL.

Dergl. A.) Der Reichsapfel in einer zierlichen Einfassung. MONE : NOVA : AVREA : LVBECEN: Darneben Hans Ridders Münzmeisterzeichen. Rev.) Der gekrönte zweyköpfigte Reichsadler, ohne Schein. Auf der Brust das Stadtwapen und unten des Bürgermeisters Matth. Rodde Wapen mit der Jahrzahl 1675. CIVITATIS: IMPERIAL. (†)

4) Duca-

---

ten die Jahrzahl 98 (1598.) MONETA. NOVA. AVREA. LVBEC. mit dem Roethusischen Münzmeisterzeichen. R.) Der gekrönte zweyköpfigte Reichsadler, ohne Schein. Auf der Brust das Stadtwapen und unten des Bürgermeisters Diterich von Brömsen Abzeichen. CIVITATIS. IMPERIALIS.

(††) Dergl. A.) Der Reichsapfel in einem Schilde. MONE. NOVA. AVREA. LVBECEN Darneben Hinrich von der Klåhren Münzmeisterzeichen. R.) Der gekrönte zweyköpfigte Reichsadler, ohne Schein. Auf der Brust das Stadtwapen und unten des Bürgermeisters Alexanders von Lüneburg Abzeichen, mit der Jahrzahl 1623. CIVITATIS. IMPERIAL.

von Melle Abhandl. 986. S.

(†) Ein doppelter Goldgülden. A.) Das Stadtwapen mit einer zierlichen Einfassung. In der Mitte der Reichsapfel und zu beyden Seiten die Jahrzahl 92 (1592) MONETA. NOVA AVREA LVBEC. Darneben Claes Roethusen Münzmeisterzeichen. Rev.) Der gekrönte zweyköpfigte Reichsadler, ohne Schein. Auf der Brust das Stadtwapen und unten des Bürgermeisters Hermann von Dorne Abzeichen. CIVITATIS. IMPERIALIS. Ist von dem Stempel des einfachen Goldgülben abgeprägt.

4) **Ducaten.**

Ein der älteſten Ducaten ohne Jahrzahl. A.) Eine große Lilie. FLORE. LVBIC. R.) Johannes der Täufer, Lübecks Schutzheiliger ſtehend, in ſeiner gewöhnlichen Kleidung mit einem Schein um den Kopf und einem Kreuzſtabe in der Linken. S. IOHANNES. B. In alter Schrift.

Dergl. etwas kleiner und von einem andern Stempel.
Beyde ſind gleich nach dem Jahre 1341. geprägt.
Eine Abbildung von beyden ſteht in der Deductione iuris wegen der reſtitution des Städtleins Möllne, Lübeck 1670. 4. lit. F. imgl. in Köhlers Münz=Beluſtig. 8. Th. 153. S. Auch wird ſie angeführt in Köhlers vollſtändigen Ducaten=Cabinet, n. 2956. p. 968. Hannov. 1759. 8. imgl. in J. C. von Soothe auserleſenen und höchſtanſehnlichen Ducatenkablnett, Hamb. 1784. gr. 8. n. 1524. p. 238. ſq. Umſtändlicher wird davon gehandelt in von Melle Abhandl. 986—990 S. und Auszugsweiſe in deſſen Nachr. von Lübeck 508. S. imgl. in des Hrn. Thumpropſt Dreyers Lüb. Verordnungen 167. u. ff. S.

Dergl. A.) Der Schutzheilige, Johann der Täufer, ſtehend in ſeiner gewöhnlichen Kleidung, mit einem Schein um den Kopf und Kreutzſtabe in der Lincken in einer ovalen Einfaſſung. Zur Rechten ſeines Hauptes der zweyköpfigte Reichsadler S. IOHANES. BAPTISTA. R.) Dieſer Heilige, wie auf dem Avers. MONETA × LVBICENS. In alter Schrift.

S. Deductio iuris &c. l. c. von Melle Abhandl. 990. S. *Molan.* P. 3. n. 236. p. 769. Köhlers Ducaten=Cabinet n. 2959. 969. S. J. C. von Soothe Ducatenkabinett, Hamb. 1784. n. 1526. 239 S.

Dergleichen. Auf beyden Seiten ſteht zwiſchen den Füßen des heil. Johannes ein Kreuz. Die Umſchrift in alten Buchſtaben.

K 5   Dergl.

Dergl. A.) Der heilige Johannes der Täufer, stehend, in seiner gewöhnlichen Kleidung mit einem Hauptschein und Kreuzstabe in der Linken, in einer ovalen Einfassung. S. IOHANES. BAPTIST. nebst dem Reichsadler. R.) Dieser Heilige, wie auf dem Avers. MONETA. LVBICEN. Unten zur Linken ein Kreuz Auf der Brust des Heiligen ist der zweyköpfigte Reichsadler eingestempelt. Mönchsschrift.

Dergl. auf dem Revers unten zur Linken ein Blatt.

Ist in Holzschnitt abgebildet in d'ongheualueerde gauden ende zelueren Münte ghedruckt te Ghend, by Joos Lambrecht, Letterſnider 1551. Kl. 8. Bog. A, mit der Beyschrift: deze Gaudgulden weeght 2 inghelſchen 4 az. oft 2 penni, 18 greinen ſtijf. Im Kupferſtich kommt er vor in der angeführten Deductione juris. S. Köhlers Ducaten-Cabinet n. 2961. 969. S.

Dergl. A.) Der heilige Johannes der Täufer, stehend in seiner gewöhnlichen Kleidung, mit einem Hauptschein und Kreuzstabe in der Linken, in einer ovalen Einfassung. S. IOHANES. BAPTIST. nebst dem Reichsadler. Auf der Brust des Heiligen ist der zweyköpfigte Reichsadler eingestempelt. R.) Dieser Heilige, wie auf dem Avers. MONETA .LVBICEN. Unten zur Linken ein Kreuz. In alten Buchstaben.

Dergl.: Auf dem Revers unten zur linken ein Blatt.

Dergleichen: A.) Der heilige Johannes der Täufer, stehend in seiner gewöhnlichen Kleidung, mit einem Schein um den Kopf und in der linken ein Kreuzstab, in einer ovalen Einfassung. Auf der Brust des Heiligen ist das Holsteinische Nesselblatt eingestempelt. S. IOHANES. BAPTISTA. Darneben der zweyköpfigte Adler. Unten zur Linken ein Kreuz. R.) Dieser Heilige, wie auf dem Avers. MONETA.
LVBI-

LVBICES. nebst dem zweyköpfigten Adler. Die Umschrift in alten Buchstaben.
: Köhlers Ducaten-Cabinet n. 2959. 969. S.

Dergleichen. A.) wie bey dem vorhergehenden; auch mit dem eingestempelten Nesselblatt. R.) ist ebenfalls dem vorhergehenden gleich, doch heißt es in der Umschrift richtiger, statt Lubices LVBICENS. Mönchsschrift.

Dergleichen. A.) Der heilige Johannes der Täufer stehend, in seiner gewöhnlichen Kleidung, mit einem Hauptschein und in der Linken ein Kreuzstab, in einer ovalen Einfassung. S. IOHANES. BAPTIST. Darneben der doppelte Adler. R.) Dieser Heilige, wie auf dem Avers. MONETA. LVBICEN. und dem zweyköpfigten Adler darneben. Auf der Brust des Heiligen ist der Lüneburgische Löwe eingestempelt. Die Umschrift in Mönchsbuchstaben.

*Ein Hamburgischer Ducat. A.) Die gekrönte heilige Maria ohne Schein um den Kopf, mit dem Christkindlein auf dem linken Arm, in einer länglichten Einfassung, zu deren Füßen das Stadtwapen. Umschrift in alten Buchstaben *MONETA**HA'BVRG* R.) Ein gleiches Marienbild zu dessen Füßen ein Nesselblatt. Umschrift: *AVE. PLEN'**GRA' IR9A (1497.) Der eingestempelte Reichsadler ist auf der Brust der Maria gesetzt.

: Molan. P. 3. n. 166. Langermanns Hamb. Münz- und Medaill. Vergn. I. St. n. 3. p. 3. ohne Adler, ib. 37. St. n. 4. 289. u. f. S. Köhlers Münzbelust. 19. Th. n. 71. 90. St. dessen Ducaten-Cabinet n. 2864. 923. S. Hamb. Nachr. aus dem Reiche der Gelehrsamkeit 1762. J. C. von Soothe Ducatenkabinett, Hamb. 1784. gr. 8. n. 1511. 236. S.

Dergleichen. Ist dem vorhergehenden auf beyden Seiten gleich; nur daß auf dem Avers der zweyköpfigte Adler auf der Brust des Heiligen eingestempelt ist und in den mit Lateinischen Buchstaben abgefaßten Umschriften das Wort BAPTISTA ganz ausgedruckt steht und LVBICENS. richtiger abgekürzt ist.

Dergl. A.) Der geharnischte Kaiser stehend mit den völligen Reichskleinodien. Umschr: MONE. NOVA. AVREA. LVBEC: nebst Hans Wilms Münzmeisterzeichen. R.) Der gekrönte zweyköpfigte Reichsadler, ohne Schein um den Köpfen, mit dem Stadtschildchen auf der Brust. Unten des Bürgermeisters **Christoph Gerdes** Wapen und die Jahrzahl 1649. Umschrift: CIVITATIS. IMPERIAL.

Dergl. A.) Der geharnischte Kaiser mit den völligen Reichsinsignien. Umschr: MONE NOVA. AVREA. LVBEC: nebst Hans Wilms Münzmeisterzeichen. R.) Der gekrönte zweyköpfigte Reichsadler, ohne Schein um den Köpfen, mit dem Stadtschildchen auf der Brust. Unten des Bürgermeisters **Christ. Gerdes** Wapen und die Jahrzahl 1652. Umschr. CIUITAT. IMPERI:

Dergl. A.) Der geharnischte Kaiser in ganzer Positur, mit den Reichsinsignien. Umschrift: MONE. NOVA. AVREA. LVBEC. Darneben Hans Wilms Münzmeisterzeichen. R.) Der gekrönte kaiserliche Adler, mit dem Stadtschildchen auf der Brust. Unten des Bürgermeisters **Christ. Gerdes** Wapen und die Jahrzahl 1656. Umschrift: CIVITATIS IMPERIAL.

Molan. P. 3. n. 239. p. 769. Köhlers Ducaten-Cabinet n. 2963. p. 970. J. C. von Soothe Ducatenkabinett, Hamb. 1784. gr. 8. n. 1527. 239. S.

Dergl.

Ducaten.

Dergl. von 1657.
Dergl. von 1660. (†)
Dergl. A.) Der geharnischte Kaiser stehend, mit allen Reichsinsignien. Umschr. MONE. NOV: AVREA. LVBEC. Darneben Lorenz Wagners Münzmeisterzeichen. R.) Der gekrönte zweyköpfigte Reichsadler, ohne Schein um den Köpfen und dem Stadtschildchen auf der Brust. Unten des Bürgermeist. Matthaei Rodde Wapen und die Jahrzahl 1672. CIVITAT: IMPERIA:
Dergl. A.) Der geharnischte Kaiser stehend, mit allen Reichsinsignien. Zwischen den Füßen Hans Ridders Münzmeisterzeichen. Umschr. MON. NOVA. AVREA. LVB. Rev.) Der gekrönte zweyköpfigte Reichsadler, ohne Schein um den Köpfen, mit dem Stadtschildchen auf der Brust. Unten des Bürgermeist. Matthaei Rodde Wapen und die Jahrzahl 1674. CIVITAT. IMPERIA.
  von Melle Abhandl. 991. S. J. C. von Soothe Ducatenkabinett ꝛc. n. 1528. 239. S.
Dergl. A.) Der geharnischte Kaiser, in ganzer Positur, mit allen Reichskleinodien. Zwischen den Füßen Hans Ridders Münzmeisterzeichen. Umschrift: MON: NOVA: AVREA. LVB: R.) Der gekrönte zweyköpfigte kaiserliche Adler, ohne Schein um den Köpfen, mit dem Stadtschildchen auf der Brust. Unten

---

(†) Dergl. A.) Der geharnischte Kaiser in ganzer Positur, mit den Reichsinsignien. Umschrift: MONETA. NOVA. AVREA. LVBEC darneben Matthias Freude Münzmeisterzeichen. R.) Der gekrönte zweyköpfigte Reichsadler, ohne Schein um den Köpfen, mit dem Stadtschildchen auf der Brust. Unten des Bürgermeisters Herm. von Dorne Wapen und die Jahrzahl 1663. CIVITATIS. IMPERIA.
  von Melle Abhandl. 991. S.

Unten des Bürgermeisters **Joh. Ritters** Wapen und die Jahrzahl 1683. CIVITATIS: IMPERIAL: (†)
Dergl. von 1697.   von Melle, ebendaselbst.
Dergl. A.) Der geharnischte Kaiser, stehend mit allen Reichsinsignien. Zwischen den Füßen **Hans Ridders** Münzmeisterzeichen. Umschr. MON: NOVA: AVRE: LVB: Rev.) Der gekrönte zweyköpfigte Reichsadler, ohne Schein um den Köpfen, mit dem Stadtschildchen auf der Brust. Unten des Bürgermeisters **Anton Winklers** Wapen und die Jahrzahl 1700. Umschr. CIVITATIS: IMPERIAL:
    von Melle, ebendaselbst.
Dergl. A.) Der geharnischte Kaiser, in ganzer Positur, mit den Reichskleinodien. Zwischen den Füßen des Münzmeisters **Hans Ridders** Zeichen. Umschrift: MON: NOVA: AURE: LUB: Rev.) Der gekrönte zweyköpfigte Reichsadler, ohne Schein um den Köpfen, mit dem Stadtschildchen auf der Brust. Unten des Bürgermeisters **Joh. Westken** Wapen und die Jahrzahl 1707.
Dergl. von 1710.
Dergl. von 1712.
Dergl. von 1713.
Dergl. A.) Der geharnischte Kaiser, in ganzer Positur, mit den Reichskleinodien. Zwischen den Füßen **Hans Ridders** Münzmeisterzeichen. Umschrift: MON: NOVA: AURE. LUB.   Rev.) Der gekrönte zweyköpfigte Reichsadler, ohne Schein um den Köpfen, mit dem Stadtschildchen auf der Brust. Unten des Bürgermeisters **Thom. v. Wickede** Wapen und die Jahrzahl 1714. Umschr. CIVITATIS. IMPERIALIS.
                            Dergl.

(†) Dergl. von 1690.   von Melle Abhandl. 991. S.

Dergl. von 1716.

Dergl. A.) Der geharnischte Kaiser stehend, mit allen Reichsinsignien. Zwischen den Füßen Hinr. Ritters Münzmeisterzeichen. Umschrift: MON: NOVA: AURE: LUB: R.) Der gekrönte zweyköpfigte Reichsadler, ohne Schein um den Köpfen, mit dem Stadtschildchen auf der Brust. Unten des Bürgermeisters Adolph Matthaei Rodde Wapen und die Jahrzahl 1717. Umschr. CIVITATIS. IMPERIALIS.

Dergl. A.) Der geharnischte Kaiser in ganzer Positur, mit den Reichskleinodien. Unten stehen die Buchstaben J J J, des Münzmeisters Joh. Just. Jasters Name und zwey kreuzweise liegende Zaynhaken. Umschrift: MON: NOVA. AURE: LVB: R.) Der gekrönte zweyköpfigte Reichsadler, ohne Schein um den Köpfen, mit dem Stadtschildchen auf der Brust. Unten des Bürgermeisters Adolph Matthaei Rodde Wapen und die Jahrzahl 1727. Umschr. CIVITATIS IMPERIALIS.

Dergl. von 1729.

Dergl. A.) Des Kaisers Brustbild und unten des Münzmeisters Jasters Namens-Buchstaben und die beyden Zaynehaken. Umschrift: CAROL. VI. D. G. ROM. IMP. S. AUG. Rev.) Der gekrönte zweyköpfigte Reichsadler, ohne Schein um den Köpfen, mit dem Stadtschildchen auf der Brust. Unten des Bürgermeisters Hermann Rodde Wapen und die Jahrzahl 1729. Umschrift: MON. NOV. AUR. CIVIT. LUB.

Dergl. A.) Des Kaisers Brustbild und unten des Münzmeisters J. J. J. Namens-Buchstaben nebst den Zaynehaken. Umschrift: CAROL. VI. D. G. ROM. IMP. S. AVG. Rev.) Der gekrönte zweyköpfigte

Reichsadler, ohne Schein um den Köpfen und dem Stadtschildchen auf der Brust. Unten des Bürgermeisters **Hinrich Balemanns** Wapen und die Jahrzahl 1730. Umschrift: MON. NOV. AUR. CIVIT. IMP. LUB.

Dergl. A.) Der geharnischte Kaiser in ganzer Positur, mit allen Reichsinsignien. Unten D. P. Z. das ist: Dider. Phil. Zachau, damaliger Münzmeister. Umschr: MON: NOVA: AURE: LUBECENS: 1759 R.) Der gekrönte zweyköpfigte Reichsadler, ohne Schein um den Köpfen und dem Stadtschildchen auf der Brust. Unten des Bürgermeisters **Gotth. Arnold Isselhorsts** Wapen. Umschr: CIVITATIS. IMPERIALIS.

Dergl. A.) Der zweyköpfigte Reichsadler mit darüber schwebender kaiserlichen Krone und dem roth und weiß getheilten Stadtwapen auf der Brust. In dem Adlersschweife erblickt man das ovale Wapenschild Sr. Magnif. des itzigen ältesten Bürgermeisters Hrn. Doct. **Herm. Geo. Bünekau.** Umschrift: IOSEPH. II. RO. IMP. S. AVG. R.) Eine mit Laubwerk verzierte viereckigte Tafel, mit der Innschrift in vier Reihen: MON. AVR. LUBECENS. AD. LEGEM IMPERII. 1790. Unten H. D. F. (Herm. Dan. Fridrichsen) des itzigen Münzmeisters Name.

5) Anderthalb Ducaten.

Ein überaus rares $1\frac{1}{2}$ **Ducatenstück** ohne Jahrzahl. A.) S. Johann der Täufer in ganzer Positur mit dem Lämmchen auf dem linken Arm, und einem Schein um den Kopf; in einer ovalen Einfassung. Umschr: MONETA. NO. CIVITATIS. Am Ende dieser Umschrift ist der doppelte Adler. R.) Der Kaiser

Kaiser auf einem Throne sitzend, mit den Reichskleinodien. Umschr. IMPERIALIS. LVBICENC. Zwischen den Füßen steht das Stadtwapen. Die Umschrift in Mönchsbuchstaben.

S. Joost Lambrechts, Lettersniders Holländ. Münzbuch. Gent 1551. kl. 8. Bog. A. allwo er unter die doppelten Ducaten gerechnet ist. von Melle Abhandl. 993. S. Numophylacium Burckhardian. Helmaestadii 1740. 8. 2. Th. I. B. n. 796. p. 282. Köhlers Ducaten=Cabinet n. 2958. p. 968 sq. J. C. von Soothe Ducatenkabinett Hamb. 1784. gr. 8. n. 1525. 239. S.

6) Rosenobel und doppelte Ducaten.

*Ein Englischer Rosenobel. A.) Der König (Eduard III) geharnischt und gekrönt in einem mit einer Rose bezeichneten Schiffe und hält in der Rechten das Schwert und in der Linken den vierseldigen Französischen und Englischen Wapenschild. Hinten am Schiffe steckt eine mit dem Buchstaben E bezeichnete Fahne. Umschrift in alten Buchstaben: EDWARDus DeI· GRAtia REX· ANGLIae FRANciae DOmiNuS IBerniae. Der Lübeckische Reichsadler ist neben der Rose eingestempelt. R.) Eine stralende Sonne, um welche vier Lilien und eben so viel darzwischen gesetzte gekrönte Löwen. Umschrift: IHEsus AVTem. TRANSIENS · PER · MEDIVM. ILLORVm IBAT. Welche Worte aus Lucae 4, 30. genommen sind.

S. Holl. Münzbuch, Gent 1552, I. Bog. D. Ch. Schlegels Biblia in numis Jenae 1703. 4. p. 367 Numophylac. Ehrencron n. 373. p. 304. Molen. P. 2. n. 45. 46. p. 32. Köhlers Ducaten=Cabinet I Th. 2 Abth. n. 384. 132. S. J. C. von Soothe Ducatenkabinett n. 136. 23. S.
Ist zwischen 1327 und 77. gemünzt.

Ein Doppelducat. A.) Der geharnischte Kaiser, in ganzer Positur mit allen Reichskleinodien. Umschr: MONE:

MONE: NOVA: AVREA: LVBEC. Darneben des Münzmeisters Hans Wilms Zeichen. R.) Der gekrönte zweyköpfigte Reichsadler, ohne Schein um den Köpfen, mit dem Stadtschildchen auf der Brust. Unten des Bürgermeisters **Christoph Gerdes** Wapen und die Jahrzahl 1660. Umschr: CIVITATIS: IMPERIAL: (†)

Dergl. A.) Der geharnischte Kaiser, in ganzer Positur, mit allen Reichskleinodien. Zwischen den Füßen Hans Ridders Münzmeisterzeichen. Umschrift: MON: NOVA: AVREA. LVB: R.) Der gekrönte zweyköpfigte Reichsadler, ohne Schein um den Köpfen mit dem Stadtschildchen auf der Brust. Unten des Bürgermeisters **Matthaei Rodde** Wapen und die Jahrzahl 1674. Umschrift: CIVITATIS. IMPERIAL.

von Melle ebendas.

Dergl. von 1675.

Dergl. von 1676.

Dergl. A.) Der geharnischte Kaiser, stehend, mit den Reichsinsignien. Zwischen dessen Füßen steht Hans Ridders Münzmeisterzeichen. Umschrift in 2 Reihen MON: NOVA. AVRE: LVB: AVSPIC. NOVI. SAECVLI. R.) Der gekrönte zweyköpfigte Reichsadler, ohne Schein um den Köpfen, mit dem Stadtschildchen auf der Brust. Unten des Bürgermeisters An-

---

(†) Dergl. A.) Der geharnischte Kaiser, stehend, mit allen Reichsinsignien. Umschr: MONETA. NOVA. AVREA. LVBEC. Daneben Matthias Freude Münzmeisterzeichen. R.) Der gekrönte zweyköpfigte Adler, ohne Schein um den Köpfen, mit dem Stadtschildchen auf der Brust. Unten des Bürgermeisters Gotthard von Hövelen Wapen und die Jahrzahl 1666. Umschrift: CIVITATIS. IMPERIAL.

von Melle Abhandl. 992. S.

Anton Winklers Wapen und die Jahrzahl 1701 Umschrift in zwo Reihen: CIVITATIS. IMPERIALIS. NOVI SPLENDORIS ORIGO.
    von Melle Abhandl. 992. S.

Dergl. A.) Der geharnischte Kaiser, in ganzer Positur, mit allen Reichskleinodien. Zwischen dessen Füßen steht Hans Ridders Münzmeisterzeichen. Umschr: MON:NOVA. AURE:LUB. R.) Der gekrönte zweyköpfigte Reichsadler, ohne Schein um den Köpfen und auf der Brust das Stadtschildchen. Unten des Bürgermeisters **Johann Westken** Wapen und die Jahrzahl 1707. Umschr: CIVITATIS IMPERIALIS.
    von Melle ebendas.

Dergl. A.) Der geharnischte Kaiser, stehend, mit den Reichsinsignien. Zwischen den Füßen steht des Münzmeisters Hans Ridders Zeichen. Umschrift: MON: NOVA. AURE:LUB: R.) Der gekrönte zweyköpfigte Reichsadler, ohne Schein um den Köpfen, mit dem Stadtschildchen auf der Brust. Unten des Bürgermeisters **Thomas von Wickede** Wapen und die Jahrzahl 1714. (†)

    7) **Vierducatenstücke.**

Ein vier Ducatenstück, vom Stempel des einfachen. R.) Der geharnischte Kaiser, in ganzer Positur mit allen Reichskleinodien. Umschr: MONE. NOVA. AVREA. LVB. Darneben Hinr. von der **Klähren** Münzmeisterzeichen. R.) Der zweyköpfigte Reichsadler, ohne Schein um den Köpfen, mit dem Stadtwapen auf der Brust. Unten des Bürgermeisters **Hinr. Köhlers** Abzeichen und die Jahrzahl 1638. CIVITATIS. IMPERIAL.

(†) Dergleichen von 1716.
    von Melle Abhandl. 992. S.

8) Portugaleſer.

Ein halber Portugaleſer. A.) Der auf einem prächtigen Thron ſitzende Kaiſer mit allen Reichs-kleinodien. Oben ſteht ein Schild mit einer Sonne, darneben zwey Löwen als Schildhalter. In dem Throne ſteht zur Rechten ANO und zur linken 1627 Umſchr: SERVA. NOS. DOMINE. NE. PEREAMVS. Darneben des Bürgermeiſt: Doct. Lor. **Möllers** Wapenſchildchen. R.) Der gekrönte zweyköpfigte Reichsadler mit einem Schein um den Köpfen und darzwiſchen geſetzten Kreuz, nebſt dem Stadtwapen auf der Bruſt. Umſchrift: EX. AVRO. SOLIDO. LIB. IMPER. CIVITAS. LVB. Ff (F. F.) 1628.

von Melle Abhandl. 996. S. deſſen Nachr: von Lübeck 511. S. **Köhlers** Ducat. Cab. n, 2957. 968. S.

Ein halber Portugaleſer. A.) Johann der Täufer in ganzer Poſitur, mit einem Schein um den Kopf und dem Lämmchen auf einem Buche im linken Arm. Unten zur Rechten des Bürgermeiſters **Hinrich Röhlers** Wapen. Umſchr: SERVA. NOS. DOMINE. NE PEREAMVS. (In dem Worte Domine ſind die beyden Buchſtaben NE zuſammen gezogen.) Darneben Hinr. von der Klähren Münzmeiſter-zeichen.) R.) Ein großes Kreuz, nach Art der Por-tugiſiſchen Cruſaden, in deſſen Mitte das Stadt-wapen. Um daſſelbe ſind die Worte angebracht: NACH PORTVGAL SCHR. (nach Portugaliſchen Schrot.) Umſchrift: EX AVRO SOLIDO. LIB. IMPER. CIVIT. LVB. F. 1636.

v. *Chriſtiani Nic. Carſtens* Schedion de ſancto Lubecenſium tutelari Dino Johanne Baptiſta, Lub. 1754. 4to.

VI. Goldene Medaillen.

1) Gedächtnismünzen.

Ein Ducat. A.) Ein Fels im Meer mit einem oben darauf gesetzten Kreuze und der Umschrift: NON CONFVNDAR. R.) Ein nach einem Sterne blickendes Auge, mit der Umschrift: RESPICIT. 1707
(S. die silbernen Gedächtnismünzen 126. S.)

2) Jubelmünzen.

Ein Ducat. A.) Der gekrönte zweyköpfigte Reichsadler, ohne Schein um den Köpfen, mit dem Stadtschildchen auf der Brust. Umschrift: LUBECA. IUBILANS. Rev.) OB REFURGATAM. PER LUTHERUM ECCLESIAM. in 6 Reihen. Umschr: SACRA. SAECULARIA 1717. 31. Octobr. I F Darneben Hinr. Ridders Münzmeisterzeichen.
(S. die silbernen Jubelmünzen 140. S.)

Dergl. doppelter von einem größeren Stempel.
(S. die silbernen Jubelmünzen 140. S.)

Ein Ducat. A.) Der gekrönte zweyköpfigte Reichsadler, ohne Schein um den Köpfen, mit dem Stadtschildchen auf der Brust und unten des Bürgermeisters Hinrich Balemanns Wapen. Umschrift: IMPERIAL. CIVIT. LUBECENSIS. 1730. R.) Die Evangelische Religion in Frauensgestalt, in der rechten Hand mit einem Kreuze und in der linken mit einem offenen Buche, darinn V. D. M. I. Æ. Innwendig: SAC. SAECULAR. SEC. 25. JUN. JJJ.

(Des Münzmeisters Joh. Just. Jasters Namens=
buchstaben) darneben die Zaynhaken. Umschrift:
CONFESS. EVANG. IN. COM. AUG. EXHIBITAE.
von Melle Abhandl. 992. S. Nummophylacium *Burckhardian.* P. II, descripta a *Joh. Dav. Koelero Guelferbyt.*
1745. 8. n. 2002. p. 718. Köhlers Ducaten= Cabinet
u. 2965. 970. u. f. S.

(S. die silbernen Jubelmünzen 140. S.)

3) Schaumünzen.

Ein halber Portugaleser. A.) Die Geburt
Christi. Umschrift: PVER. NATVS. EST. NOBIS.
FILIVS. DATVS. EST. NOS. Darneben Hinrich
von der Klähren Münzmeisterzeichen. R.) Die
Auferstehung Christi. Unten des Bürgermeisters
Hinrich Köhlers Wapenschildchen. Umschrift:
EGO SVM. RESVRRECTIO ET VITA. IOHANNIS
XI. CA. und abermal das Münzmeisterzeichen. (†)

Ist zwischen 1627 und 1641 geprägt.

(†) Ein ganzer Portugaleser. A.) Die Geburt Christi.
Umschr: PVER. NATVS. EST. NOBIS. FILIVS. DATVS.
EST. NOS. Darneben Hinrich von der Klähren Münz=
meisterzeichen. R.) Die Auferstehung Christi. Unten des
Bürgermeisters Alexander von Lüneburg Wapenschild=
chen. Umschr: EGO. SVM. RESVRRECTIO. ET.
VITA. IOHANN. XI. CA. ✱

Zwischen 1619 und 1627. geprägt.

Bischöfliche und Kapitelsmünzen.
I.) Silberne.
1) Pfenninge.

Ein Hohlpfenning von gutem Silber mit dem Brustbilde des Bischofs. Wiegt $\frac{1}{16}$ Loth.
Ward zu Kaltenhof gefunden.

2) Dreylinge.

Ein Dreyling. A.) Die gekrönte Namensziffer C A. (Christian August Herzogs zu Schleswig und Holstein, welcher 1726 verstorben.) R.) .I. DREILING 1724. J J J (Joh. Just. Jaster, Münzmeister der Stadt Lübeck) nebst 2 geschränkten Zaynhaken.

Dergleichen vom selbigen Jahre, aber von einem andern Stempel. Auf dem Revers ist des Münzmeisters Name mit stehender Schrift gestochen I. I. I.

3) Sechslinge.

Ein Sechsling. A.) Die gekrönte Namensziffer C A. (Christian August) R.) I. SESLING 1723 A W.

Dergleichen 1724

Dergleichen 1724. mit JJJ. nebst den geschränkten Zaynhaken.

4) Doppelschillinge.

Ein Doppelschilling. A.) Der Bischof geharnischt, zu Pferde von der linken Seite. Oben das Erzbischöfl. Bremische, zur Linken Bischöfl. Lüb. zur Rechten Herzogl. Holsteinische Wapen und unten 2 SL. (2 Schill. Lüb.) R.) V. G. G. IOH. FRID. E. H. z. B. v. L. E. z. N. H. 2 S. H. (in 5 Reihen) von gutem Silber. Wiegt $\frac{1}{16}$ Loth.

5) Dreygrotstücke.

Ein Dreygrotstück. A.) Der gekrönte zweyköpfigte Reichsadler mit Schein um den Köpfen; Auf dessen Brust der Reichsapfel, darinn die Bremischen Schlüssel. RVDOL. II. D. G. ROM. IM. SEM. AVGV. 1611. R.) Das dreymal behelmte Holsteinische Wapen, in dessen mittelsten Feldern die Bremischen Schlüssel und das Bischöfl. Lübeckische Kreuz vorkommen. IOHA. FRID. ARCH. B. EP. L. $\frac{1}{8}$ Loth.
<small>S. Joh. Phil. Cassels Prof. zu Bremen vollständiges Bremisches Münzkabinet 157. S. Numophylacium Molano-Boehmerianum P. 3 n. 90. p. 304.</small>

Dergl. A.) Der gekrönte zweyköpfigte Reichsadler, ohne Schein um den Köpfen; auf dessen Brust der Reichsapfel, darinn die Bremischen Schlüssel. MAT: D: G: RO. IM. SE. AVG. 1614. R.) Das dreymal behelmte Holsteinische Wapen, in dessen mittelsten Feldern die Bremischen Schlüsseln und das Bischöfl. Lübeckische Kreuz vorkommen. IOHAN. FRID: D: G. A: B: EP. L. $\frac{1}{8}$ Loth.

Dergl. A.) Der gekrönte zweyköpfigte Adler, mit den Bremischen Schlüsseln in dem auf der Brust befindlichen Reichsapfel. MATTI. D. G. RO. IM. S. A. 618. (16:8.) Darneben ein Münzmeisterzeichen. R.) Das dreymal gehelmte Holsteinische Wapen. In den mittelsten Feldern die Bremischen Schlüssel und das Lübeckische Kreuz. In der Mitte der Schlüssel ist ein grosses K eingeprägt. Umschr: IO. F. D. G. A. EP. B. $\frac{1}{8}$ Loth.

6) Dütchen.

Ein Dütchen. A.) Ein zierliches Kreuz mit dem Reichsapfel, darinn 16 (einen Thaler) RVDOL. II. D. G. RO. I. S. A. 1603. Darneben ein Reuter zu Pferde R.)

Dütchen.   169

R.) Das Wapen mit drey Helmen, in der Mitte das Lübeckische Kreuz. I: A: D: G: D. S. H. S. D. $\frac{1}{6}\frac{3}{4}$ Loth.

Ein Dütchen. A.) Das Holsteinische Wapen in dessen mittelsten Feldern die Bremischen Schlüssel und das Lübeckische Kreuz. IOHAN: FRIDR: ARCH. ET. EP: BRE: ET. LVB. R.) Drey Helme, über dem mittelsten der Löwe und unten 16 (nemlich einen Thaler.) HER. NORWE. DVX. SLES. ET HOLS. 1612. $\frac{1}{8}$ Loth.

Dergl. 1612. mit etwas veränderter Abkürzung der Umschrift: als auf dem Avers IOHAN: FRIDRI: ARCHI: E u. s. w. und auf dem Revers: HER. NORW. u. s. w. $\frac{1}{8}$ Loth.

Dergl. A.) Das Holsteinische Wapen in dessen mittelsten Feldern die Bremischen Schlüssel und das Lübeckische Kreuz. IOHAN. FRID. D. G. ARC. E. EP. B. E. L. R.) Drey Helme, über den mittelsten der Löwe und unten 16 (einen Thaler.) HER. NOR. DVX. SLES. HOL: 1616. $\frac{3}{16}$ Loth.

v. Numophylacium Molano-Boehmer P. 3. n 91. p. 301 Prof. Cassels Bremisches Münzcabinet 158. S.

Dergl. A.) Das Brustbild des Fürst=Bischofs, mit der Umschrift: CHRIST. ALB. D · G · E · L · H · N · D · S · ET · H. R.) XVI. I REICHSTHA. nebst 2 Zaynehaken, darneben MM. in vier Reihen. PER. ASPERA. AD. ASTRA. 1661. Von gutem Silber, wiegt $\frac{1}{8}$ Loth.

Dergl. 1662.

Dergl. 1663.

Dergl. 1664.

Dergl. 1665.

Dergl. A.) Das Brustbild des Fürst=Bischofs, von der rechten Seite in einer Peruque. Umschrift: A. F. D. G. E. E. L. H. N. D. S. E. H. R.) XVI .I. REICHSTHALE 1678. Umschr: A. DEO SORSQ. SALVSQ. MEA und des Münzmeisters H. Ridders Abzeichen.

7) Vierschillingsstücke.

Ein Vierschillingst. A.) Der Bischof geharnischt zu Pferde, von der linken Seite. Oben das Erzbischöfl. Bremische, zur Linken Bischöfl. Lübeck. zur Rechten Herzogl. Holst. inische Wapen und unten 4. S. L. (4 Schilling Lüb.) Rev.) V. G. G. IOH, FRID. E. B. Z. B. V. L. E. Z. N. H. Z. S. H. (in 5 Reihen) von gutem Silber, wiegt ⅛ Loth.

Dergl. nur daß der Bischof von der rechten Seite abgebildet ist. ⅛ Loth.

Numophylacium Molano-Boehmerian. P. 3. n. 13. p. 555. Cassel 157. S.

8) Sechsschillingstück.

Ein Stück. A.) Die Anfangsbuchstaben des Bischöfl. Namens Christian August in einem Zug und oben drüber eine Krone. Umschrift: Bischof Zu Lübeck Erbe Zu Norwegen Herzog Z Schleswig Holstein. R.) VI SCHILLING LUB. 1723. A. W (in vier Reihen.)

Dergl. 1724. A. W.

Dergl. 1724. J. J. J. (Joh. Just Jaster) darneben die beyden geschränkten Zaynhaken.

Dergl. 1724. L. L. I. mit den Zaynhaken.

Dergl. 1725. J. J. J. mit den Zaynhaken.

9) Zwey

9) Zwey und dreyßig Grot (†) Bremer Mark.

10) Zweydrittelstücke.

Ein Stück. A.) Die mit der Bischofsmütze bedeckten Anfangsbuchstaben des Bischöflichen Namens A. F. Umschr. AVGVST. FRIDER: D: G: EL: EP: LVB: H: N: D: S: E: H. Zwischen den beyden Buchstaben steht ein geharnischter Arm mit einem Schwert, des Münzmeisters Hans Ridders Abzeichen. R.) Das gekrönte Wapen mit dem Bischöfl. Lübeckischen Mittelschilde und oben hervorragenden Krumstabe und Schwert, auch umher gezogenen Palmzweigen und unten $\frac{2}{3}$. Umschr: A. DEO. SORSQ. SALVSQ. MEA. 1678.

von Madai 3. Fortsetz. n. 6414. 152. S.

Dergl. A.) Des Bischofs geharnischtes Brustbild von der rechten Seite in der Perucke mit einer spitzenen Halskrause. Am Arme $\frac{2}{3}$ und an der linken Seite sind die ineinander geschlungenen Buchstaben F. C. mit 60 N eingestempelt. AVGVST. FRID: D: G: EL: EF: LVB: H: N: D: S: E: H. Rev.) Das gekrönte Wapen mit dem Bischöfl. lübeckisch. Mittelschilde und oben hervorragenden Krummstabe und Schwert, auch unten herum gezogenen Palmzweigen.
A DEO

(†) Ein Stück. A.) Das Holsteinische Wapen mit drey Helmen und in den mittelsten Feldern die Bremischen Schlüssel und das Lübeckische Kreuz. IOHAN. FRIDERICH: ARCHI. P. BR. R.) Die geschränkten Schlüssel und dabey auf den Seiten der Werth. 32 GRO. in einem ovalen Rahmen. MONETA. NOVA. BREMER. MARCK. 1611. $1\frac{7}{8}$ Loth.

von Madai 2 Th. n. 3233. 277. S. J. P. Cassel 154. S.

172 Zweybrittelstücke. Doppeltmarkstücke ꝛc.

A DEO SORSQ. SALVSQ. MEA. 1678. Darneben das vorgedachte Münzmeisterzeichen.
  von Madai 2 Th. n. 3324. 303. S.

Dergl. A.) Des Bischofs geharnischtes Brustbild von der rechten Gesichtsseite in der Perucke, mit einer spitzenen Halskrause. Am Arm ⅔. AVGVST. FRID. D. G. EL. EP. LUB. H. N. D. S. H. R.) Das gekrönte Wapen mit dem Bischöfl. Lübeckischen Mittelschilde. Dahinter der Bischofsstab und das Schwert. A. DEO. SORSQ. SALVSQ. MEA. 1688.
  von Madai 3te Fortsetz. n. 6415. 152. S.

Dergl. 1689.
Dergl. 1690.
  von Madai 3. Fortsetz. n. 641. 152. S.

11) Doppeltmarkstücke.

Ein Stück. A.) Des Bischofs geharnischtes Brustbild von der rechten Seite in einer Perucke, mit umgehangenen Gewande und dem Elephanten Orden. CHRISTIAN. AVG. EL. EP. LVB. DVX. S. E. H. R.) Das gekrönte vollständige Holsteinische Wapen, mit einem Mittelschilde, darinn das Bischöfl. Lübeckische. An den Seiten 1723 und darunter: A. W. Ganz unten in einer kleinen Einfassung: 2 MARCK. Umschr. FÜRST: BISCHOFF: LUB. MUNTZ.

12) halbe Speciesthaler.

Ein halber Speciesthaler. A.) Das dreymal behelmte Holsteinische Wapen. IOH. ADOLP. V. G. G. ERZ. V. R.) Ein großes Kreuz. BIS. Z. BRE. V. LVB. E. Z. NO. HERZ. Z. SC. HO. ET. V. DI. G. O. V. D. ✠ und in der zweyten Reihe: NACH. PORTVGALIS. SCHROT. V. KORN und zwo Lilien. 93. (1563) ✠ Wiegt 1 Loth und ist vergoldet.
  Dergl.

halbe Speciesthaler. Speciesthaler. 173

Dergl. A.) Des Bischofs geharnischtes Brustbild von der rechten im bloßen Haupte und krausen Kragen. IOH: ADOL: D. G. EPIS, LVBE. HER. NORW. R.) Das behelmte Wapen, darneben an den Seiten die Jahrzahl 1607. DVX. SLES: E: HOLS.

Dergl. A.) Des Bischofs geharnischtes Brustbild von der rechten Seite, im bloßen Haupte und krausen Kragen. IOH. ADOL. D. G. EPIS. LVBE. HER. NORW. R.) Das Wapen von sechs Feldern und dem Oldenburgischen (aber nicht Bischöfl. Lüb.) Mittelschilde, mit aufgesetzten drey Helmen, darzwischen die Jahrzahl 1608 und an den Seiten M. P. Umschr: DVX: SL. HO: S: E: D. CO: O: E: D.

13) Speciesthaler.

Ein Speciesthaler. A.) Des Bischofs geharnischtes Brustbild von der linken Gesichtsseite im bloßen Haupte und krausen Kragen, in der Rechten einen Streitkolben haltend. IOH. ADOL. D: G. EPISCO. LVB. HÆ. NOR. ✠. Rev.) Sechs in die Runde gesetzte Wapen und in der Mitte das Lübeckische. Oben die Buchstaben M. P. und unten die abgekürzte Jahrzahl 99 (1599.) DVX. SCHLE. HOLSA. STORM. E. DIT. COM. O. E. D.

Die Abbildung in den Hamb. Remarquen 7. Th. 1705. 73. S. von Madai 1 Th. u. §II. 258. S. (†)

Dergl.

(†) Dergl. A.) Des Bischofs geharnischtes Brustbild von der linken Seite, mit umgehangener Feldbinde, mit einem gekräuselten Halskragen, in der rechten Hand einen Streitkolben haltend und mit in die Seite gestützten linken Arm. IOH. ADOL. D: G. EPISCO. LVB. HÆ. NOR. ✠
R.)

Dergl. A.) Des Bischofs geharnischtes Brustbild von der linken Seite mit einem Knebelbarte, im bloßen Haupte, mit umgehangener Feldbinde und einem Streitkolben, den er in der rechten Hand vor sich hält. Unter dem Brustbilde ist das Datum 30 Oct. zu lesen. IOH. ADOL. D. G: EPISCOP: LVBE: HER: NORW. R.) Das Wapen mit drey gekrönten Helmen und dem Bischöfl. Lübeckischen Mittelschilde. Zwischen den Helmen M. P. und an den Seiten des Wapens die Jahrzahl: 1603. DVX: SL. HO: S: E: DI: CO: O: E: D.

Ist ein hauptrarer Thaler, der zum Andenken, der mit dem Könige in Dännemark Christian IV. Anno 1603 den 30. Oct. in Hamburg eingenommenen Huldigung geschlagen worden.

von Madai 2te Fortsetz. n. 5794. 98. S. Die Abbildung steht zu Anfange der Fortsetzung.

Dergl. A.) Des Bischofs geharnischtes Brustbild von der rechten Seite, im bloßen Haupte, mit umgehangener Feldbinde, mit der rechten Hand den angegürteten Degen umfassend und mit der linken eine Streitkolbe vor sich haltend. IOH. ADOL. D: G. EPISCOP. LVBECE. HERES. NOR. Rev.) Das dreymal behelmte Holsteinische Wapen mit dem Bischöflich-Lübeckischen Mittelschildchen, und zwischen den Helmen die getheilte Jahrzahl: 1605. M. P. Umschrift: DVX. SL. HO. S. E. DI. CO: O: E. D.

Ein seltener Thaler. von Madai 3. Fortsetz. n. 6412. 151. S.

Dergl.

R.) Das Wapen mit drey Helmen und dem Lübeckischen Mittelschildchen. Auf den Seiten 601. (1601) und über dem mittelsten Helm: M. P. Umschr: DVX. SL. HO. S. E. DI. CO: O. E. D.

von Madai 2 Th. n. 3768.

Dergl. A.) Des Bischofs geharnischtes Brustbild von der rechten Seite, in der linken Hand einen oben mit dem Kreuze bezeichneten Commandostab haltend und mit der rechten den angegürteten Degen anfassend. IOH. ADOL. D: G. EPISCOP. LVBECE. HERES. NOR. R.) Das behelmte Wapen, und darüber: M. P. und 1606. Umschr. D. S. H. S. E. D. C. O. E. D. M: oneta N. oua S. Iesuicensis.

von Madai 2 Th. n. 3769. 434. u. f. S.

Dergl. 1606. Der Herzog ohne Commandostab. (†)

Dergl. A.) Des Bischofs geharnischtes Brustbild von der rechten Seite in kurzen Haaren und rauhen Barte. Er hält in der linken Hand einen oben mit dem Kreuze brzeichneten Commandostab und fasset mit der rechten den angegürteten Degen an. IOH. ADOL. D: G. EPISCOP. LVBECE. HERES. NOR. R.) Das Wapen mit drey Helmen, zwischen welchen die Jahrzahl getheilt ist: 16—07. und darüber: M. P. Zur Rechten befindet sich noch ein besonderes Münzmeisterzeichen. D. S. H. S. E. DI. C. O. E. D. M. N. S.

von Madai 3te Fortsetz. n. 6413. 151. u. f. S.

Dergl. A.) Das Wapen mit drey Helmen und unten: 1607. Umschr: IOH: ADO: D: EPIS: LVB: HER: NOR: DVX: SCHL: E: HOL. Rev.) Des Herzogs gehar-

---

(†) Dergl. A.) Des Bischofs geharnischtes Brustbild in kurzen Haaren und rauhen Barte. IOH: ADOL: D: G: EPISCOP: LVBE: HER: NORWE. R.) Das Wapen mit drey Helmen. An den Seiten: 1607. Umschrift: DVX. SL. HO. S. E. DI: CO: O. E. D.
von Madai 2 Th. n. 3770. 435. S.

geharnischtes Brustbild, mit einem Pusican (Streit:
kolbe) in der linken Hand und mit untergestemmten
Arm. Umschr: STOR: E: DIT. COM: OL: E:
DEL. & (etc.) VIVIT: POST: FVNERA: VIRTVS.
    Ein rares anderthalb Thalerstück.
von Madai 2 Th. n. 3771. 435. S.

Dergl. A.) Das dreymal behelmte Wapen darunter
1607. Umschr: IOH: ADO: D: G: EPIS: LVB:
HER: NOR: DVX: SCHL: E: HOLS. R.) Die
einander gegen über gestellten Brustbilder des Herzogs und seiner Gemahlin **Augustae**, Königs
Friderichs II. in Dännemark Tochter. Jenes ist
geharnischt und mit einem spitzenen Ueberschlage:
Dieses aber mit einem geblümten Stück angethan,
und hat um den Hals einen gekräuselten Kragen, auch
ein lang herabhängendes Kleinod. STOR: E: DIT:
COM: OL: E: DEL &. VIVIT: POST: FVNERA:
VIRTVS.
    Ist ein doppelter Speciesthaler.
Köhlers Münzbelust. 20. Th. 105. S. von Madai 2 Th.
    n. 3772. 435. S.

Dergl. A.) Das dreymal behelmte Wapen, dabey
unten: 1607. Umschr: IOH: ADO: D: G: EPIS:
LVB: HER: NOR: DVX: SCHL: E: HOL. Rev.)
Die einander gegen über gestellten Brustbilder, wie
auf dem vorhergehenden; doch mit dem Unterschied
daß die Bischöfliche Gemahlin auf dem Haupte eine
offene Krone trägt. Unten: P. Umschr: STO: E:
DI: CO: D: VIVIT: POST: FVNERA: VIRTVS.
Die Umschriften sind auf diesem und den beyden vorhergehenden Thalern auf eine ungeschickte Weise placirt
und sollten billig auf der Bildseite anfangen. Indessen
ist dieser Doppelthaler ein vortrefliches Original.
    von Madai 2 Th. n. 3773. 435. u. f. S.

Dergl.

Speciesthaler

Dergleichen. Av.) Des Bischofs Brustbild von der rechten Seite im Harnisch und Feldbinde, in der linken Hand ein Kreuz oder vielmehr einen oben mit dem Kreuze bezeichneten Commandostab haltend und mit der rechten den angegürteten Degen anfassend. IOH. ADOL. D: G. EPISCOP. LVBECE. HERES. NOR. R.) Das behelmte Wapen ohne das Bischöflich-Lübeckische Mittelschild. Zwischen den Helmen M. P. und die Jahrzahl 1608. nebst einem Münzmeisterzeichen zur Rechten. D. S. H. S. E. D. C. O. E. D. M. N. S. (Moneta noua Slesuicensis.

> Ist ein besonderer Zwitterthaler, dazu der Avers von einem Thaler genommen worden, den dieser Herr noch vor geschehener Resignation des Bißthums Lübeck an seinen Hrn. Bruder Johann Friderich, hat schlagen lassen; daher sich auch in dem Revers das Bischöfliche Kreuz in dem Wapen nicht befindet.

von Madai 3. Fortsetz. n. 6669. 244. S. (†)

(†) Dergl. A.) Des Bischofs geharnischtes bärtiges Brustbild von der rechten Seite im bloßen Haupte und kurz verschnittenen Haaren, mit einem Spitzenkragen und umgelegtem Gewand. IOH: ADOL: D: G: EPISCOP. LVBE: HER: NORWE. R.) Das Wapen von fünf Feldern und dem Oldenburgischen Mittelschilde, mit aufgesetzten drey gekrönten Helmen, zwischen welchen die Jahrzahl 1608. vertheilet und darüber des Münzmeisters aus G und I zusammengesetzte Namensziffer zu sehen ist. DVX: SL. HO: S. E: DI: CO: O: E: DE. Dieser Thaler ist in dem Jahre 1608. geschlagen, in welchem das Bißthum zu Lübeck an seinen Bruder Herzog Johann Friderich gekommen. Daher auch das Lübeckische Kreuz aus dem Wapen weggelassen worden. Es ist aber zum Avers ein älterer Stempel von dem ersten Thaler des Jahrs 1607. genommen worden, darauf der Bischöfliche Titel annoch erscheinet, weshalben er billig unter die Zwitterthaler zu rechnen ist.
von Madai 2 Fortsetz. n. 3795. 98. S.

Dergl. A.) Das Bischöfliche Brustbild von der rechten Seite in einem zierlichen Harnisch, mit aufstehenden Kragen und bloßem Haupte. IOHAN: FRIEDRICH. ARCH: E. EP. BREM. E. LVB. ☥. R.) Das Wapen mit drey Helmen. HER. NORW. DVX. SLES. ET HOL. 1612.

Cassels Bremisches Münz-Cabinet 1. Th. 154. S. von Madai 3. Fortsetz. n. 6358. 132. S.
Ein doppelter Speciesthaler. (†)

Dergl. A.) Des Bischofs geharnischtes Brustbild von der rechten Seite mit einer Feldbinde. IOHAN. FRIEDRICH. D. G. ARCH. ET. EP. BREM. E. LVB. R.) Das Wapen mit drey Helmen. HER: NORW: DVX: SLESW. ET: HOL: 1618.

Köhlers 14. Th. 377. S. Cassel 155. S. von Madai 1. Th. n. 726. 235. S. (††)

Dergl. A.) Das Bischöfliche Brustbild von der rechten Seite in kurzen krausen Haaren, mit einem kleinen Spitzbarte, in einem geblümten Wammes, mit der Feld-

---

(†) Dergl. A.) Des Bischofs geharnischtes Brustbild von der rechten Seite, im bloßen Haupte mit einer Feldbinde. IOHAN FRIEDRICH. D. G. ARCH. ET EP. BREM. E. LVB. R.) Das Wapen mit drey Helmen: darunter an den Seiten H. R. Umschr: HER. NORWEG. DVX. SLES. ET HOL. 616. (1616)
Cassel ebendas. 155. S. von Madai 3. Fortsetz. n. 6359. 132. u. f. S.

(††) Dergl. A.) Das geharnischte Brustbild in einer Feldbinde. IOHAN. FRIEDRICH. D. G. ARCH. E. EP. BRE. E. LV. R.) Das behelmte Wapen, ohne Jahrzahl. HERRES (an statt Heres) NORW. DVX. SLE. E. HOL. G. H. Sanders Samml. rarer und merkwürdiger Gold-und Silbermünzen 1 Th. 29. S. Cassel 152. u. f. S. von Madai 2 Th. n. 3235. 277. S.

Feldbinde und im Spitzenkragen. IOHAN: FRID: D: G: ARCHI: E: EPIS: BREM: E: LUB. R.) Das dreymal behelmte Wapen mit dahinter gestecktem Schwert und Bischofsstabe. HER: NOR: DUX: SLES: E: HOL: 1622.

von Madai 2 Th. n. 3234. 277. S. (†)

Dergl. A.) Des Bischofs geharnischtes Brustbild, von der rechten Seite in der Perucke mit einer Halskrause und umgeschlagenen Gewande. AUGUST: FRID: D: G: EL: EP: LUB: H: N: DUX: S: E: H. R.) Das gekrönte Wapen, mit dahinter gestecktem Stabe und Schwert, zwischen zwey Palmzweigen. An den Seiten H. R. STORM: & DIT: COM: IN OLD: & DELM: 1678.

Ein seltener Thaler von Madai 2. Fortf. n. 5727. 70. S.

Dergl. 1683. oder 1688.

von Madai 2 Th. n. 3325. 303. S.

Dergl. A.) Des Bischofs geharnischtes Brustbild in der Perucke von der rechten Seite. AVGVST· FRIDERIC· D· G· ELECT· EPISCOP· LUBECENS· R.) Das Wapenschild mit drey Helmen bedeckt, mit Kreuz und Bischofsmütze im Mittelschilde und darunter

---

(†) Dergl. A.) Des Bischofs geharnischtes Brustbild in der Perucke CHRISTIAN. ALBERT. D. G. H. N. DVX. SLES. & HOL. R.) Das Wapen mit drey Helmen und dem Bischöflich-Lübeckischen Mittelschilde. PER ASPERA: AD. ASTRA. Unten in einer Cartouche S. C. und 1693.

von Madai 1 Th. n. 1284. 414. S. Diesen Thaler hat der Herzog nicht als Bischof, sondern als Coadjutor prägen lassen; denn er resignirte schon 1666. das Bißthum, ward aber gleich darauf wieder zum Coadjutor postulirt.

S. von Melle Nachricht von Lübeck 10. Hauptst. 144. S.

unter 1687, an den Seiten B M. Umschrift: HÆR·
NORW · DVX · SCHLES · HOL · STOR · & · DIT ·
COM · OLD · & · DEL ·

Thaler-Collection, Hamb. 1739. 4. Tab. X. 35. S. von
Madai 1 Th. n. 812. 259. S.

Dergl. A.) Das Bischöfliche geharnischte Brustbild,
von der rechten Seite mit dem Elephantenorden.
CHRISTIAN. AUG. D. G. EL. EP. LVB. H. N. DVX.
S. ET. H. R.) Das gekrönte und mit Palmzweigen
gezierte Wapen und darhinter der Bischofsstab und
ein Schwert. STORM. ET. DIT. COM. IN. OLD.
ET. DELM. 1724.

von Madai 1 Th. n. 813. 259. S.

Ein Kapitelsthaler. A.) Das Röm. Kaiserl. Brustbild mit dem Lorbeerkranz und goldenen Vließe. Umschrift: CAROLUS VI. D. G. ROM. I. S. A. R.)
Das Wapen des Thumkapitels mit einem Helme
und unten dem Schilde des damaligen Dechants des
Hochstifts Johann von Wickede Wapen. MON:
CAPIT: LUBEC: SEDE VACANTE. 1727.

Köhlers Münzbelust. 10. Th. 377. S. von Madai 1 Th.
n. 814. 259. S.

Ein Bischöfl. Thaler. A.) Die mit einer Krone
bedeckte Namensziffer FA. (Friderich August)
Umschrift: D. G. EP. LUB. HAER. NORV. DUX:
S. H. ST. & D. DUX. REGN.ans OLD. R.) Das
gekrönte Wapen mit dem Bischöflich Lübeckischen
Mittelschilde. Unten 1775. Umschrift: FELICITAS.
SUMMA. SUBDITORUM. SALUS.

Von diesem Speciesthaler sind 1000 Stück im Herzogthum
Oldenburg gepräget worden.

14) Me-

14) **Medaillen.**

Eine Medaille. A.) Des Bischofs sehr erhobenes Brustbild von der rechten Gesichtsseite in kurzen Haaren und mit einem Bart, darneben 1571. Umschr. EVERT V. HOLLE. BIS. ZW. LVBECK V VERDE. ABT IN LVNEB: R.) Ein in vier Feldern getheiltes Wapen mit einem Mittelschilde. Der Hauptschild ist mit der Bischofsmütze bedeckt. Umschrift: IN. MANIBVS. TVIS. DEVS. SORTES. MEÆ.

Ist Goldschmidsarbeit und wiegt 1½ Loth.

Dergl. A.) Des Bischofs erhobenes Brustbild von der rechten Seite. Umschr: EVERT. V. HOLLE. BIS. Z. LVB. V. VER. ABT. I. LVN. Rev.) Ein quadrirtes Wapen mit einem Mittelschilde und oben darüber eine Bischofsmütze. IN. MANIBVS. TVIS. DEVS. SORTES. MEÆ.

Ist ein Abguß von einem Goldstück 10 Ducaten schwer, aber schlechtes Gold.

Köhlers Ducaten-Cabinet n, 1602. 496. u. f. S.

———

II.) Goldene.

1) Goldgülden.

Ein Stück. A.) Das vereinigte Erzbischöfl. Lübeckische und Herzogl. Holsteinische Wapen, in dessen Feldern 1) die kreuzweis über einander gelegten Bremischen Schlüssel; 2) der Norwegische Löwe; 3) die beyden Schleswigischen über einander gehenden Löwen; 4) das Bischöfl. Lübeckische Kreuz; 5) das Holsteinische Nesselblatt; 6) der Stormarische Schwan; 7) der Dithmarsche Reuter; 8) die Oldenburgischen Queerbalken und das Delmenhorstische Kreuz. IO. FR. D. G. A. E. EP. B. E. L. D. S. H. R.) Der heil. Petrus, mit einem Schlüssel in der rechten und mit einem aufgeschlagenen Buche in der linken Hand. Darneben die Jahrzahl 1612 und zu zu seinen Füßen die vorhin genannten Schlüssel. VIVIT. POST. FVNERA. VIRTVS.

Numophylac. Molano-Boehmer P. 3. n. 16. p. 555. Cassel 152. S. Köhlers Ducaten-Cabinet u. 1499. 463. S.

2) Ducaten.

Ein Ducat. A.) Des Bischofs geharnischtes Brustbild von der rechten Seite in einer großen Perucke. AVGVST. FRID. D. G. EL. EP. LVB. H N D S E H. R.) Das gekrönte Holsteinische Wapen mit dem Bischöfl. Lübeckischen Mittelschilde, mit Palmzweigen eingefaßt. A. DEO. SORSQ SALVSQ. MEA. 1688.

Dergleichen. A.) Des Bischofs geharnischtes Brustbild von der rechten Seite in einer großen Perucke. CHRIST. ALB. D. G. H. N. DVX. SLES. & HOL. R.) Das gekrönte Holsteinische Wapen mit dem Bischöflich Lübeckischen Mittelschilde, auf beyden Seiten mit Palmzweigen eingefaßt. Unten in der

Car-

Cartouche HH. L und 1689. PER ASPERA AD ASTRA.
> Ist nach der Resignation des Bißthums geprägt, da der Herzog von neuen zum Coadjutor war erwehlt worden, von Melle Nachricht von Lübeck 144. S.

Dergl. A.) Das Bischöfliche Brustbild von der rechten Seite. CHRIST. AVG. D. G. E. EP. L. H. N. D. S. & H. R.) Der Norwegische gekrönte Löwe mit der gekrümmten Helleparte, unten MDCCXXIIII. Umschr: FLECTITVR NON FRANGITVR.

Dergl. Der Avers ist dem vorhergehenden gleich. R.) Das gekrönte und mit Palmzweigen gezierte Wapen, hinter welchen ein Bischofsstab und Schwert und unten die Jahrzahl 1724 zu sehen ist.

Ein Goldstück. A.) Das Bischöfliche Brustbild von der linken Seite, darunter B vermuthlich der Anfangsbuchstab eines den Stempelschneider oder Münzmeister anzeigenden Namens. FRID. AVG. D. G. HAER. N. EP. LUB. DUX. S. H. ST. & D. DUX. REGN. OLD. R.) Das gekrönte Wapen mit dem Bischöflich Lübeckischen Mittelschilde unten 1776. FELICITAS. SUMMA. SUBDITORUM. SALUS.
> Von dieser Münze, welche den Werth eines Louis d'or hat, sind im Herzogthum Oldenburg geprägt worden anfangs 100 Stück, hernach 500 Stück.

3) halbe Portugaleser.

Ein halber Portugaleser. A.) Das Wapen mit drey Helmen. IOH. ADOLP. V. G, G. ERTz V. R.) Ein Kreuz. Innere Umschr: NACH PORTVGALISCHEN. SCHROT. V. KORN. ✠ Aeußere Umschrift: BIS. Z. BR. V. LV. ER. Z. NO. HERZO. Z. SL. HO. ST. V. D. GRAF. Z. O. V. D. Wiegt 5 Ducat.
Numophylacium Ehrencronianum n. 255. p. 299. Joh. Phil. Caßels Brem. Münz-Cabinet 136. S. Joh. Tob. Köhlers vollständiges Ducaten-Cabinet n. 1607. 498. S.

Dergl. A.) Das Wapen mit drey Helmen. IOHAN.
ADOLPH. V. G. G. ERWE. BISCH. Z. LVB. ER.
Z. NO. **R.)** Ein großes Kreuz zwischen den Worten:
NACH. PORTVGALISCHEN. SCHROT. VND. KORN.
Umher: HERZOG. Z. SCLESWI. HOLST. STOR.
V. DIT. GRAF. Z. OLDE. V. DE.

Numophyl. Molano Boehmer P. 3. n. 6. 7. p. 554. Köhlers Ducaten-Cabinet n. 1606. 498. S.

4) ganze Portugaleser. (†)

Dergl. A.) Ein Kreuz. Umschr: in drey Reihen:
IOHAN. FRIEDRICH. D. G. ARCH. ET. EP.
BRE. ET LVB. & HERRES. NORW. DVX. SLES.
ET HOLSACIÆ. NOCH. PORTOGALISC: SCHROT V. K.
R.) Der Erzbischof im bloßen Haupte, von der rechten Gesichtsseite, mit aufstehenden Halskragen und Feldbinde. Rings umher 8 kleine Wapenschilde, worunter auch das Erzbischöflich Bremische und das Bischöfl. Lübeckische zu finden sind.

Cassel 151. S

(†) Ein ganzer Portugaleser. **A.)** Das Hollsteinische Wapen mit drey Helmen und dem Lübeckischen Mittelschildchen. V. G. G. IOH: ADOL: E. BIS. Z. LVBEG. E. Z. N. H. Z. S. H. S: V. D. G. Z O: V: D. Darneben eine Blume. **R.)** Ein großes Kreuz, zwischen den Worten: NA. PORTVGAL: SCHROT. V. KORN. Umher: SALVS NOSTA EST. IN. CRVCEFIXO, CHRISTO. I. SCL und zwo Lilien.

Ende.

Gedruckt mit Grenischen Schriften.

www.ingramcontent.com/pod-product-compliance
Lightning Source LLC
Chambersburg PA
CBHW031442160426
43195CB00010BB/818